年収500万円からはじめる投資信託入門

少額投資非課税制度NISA時代を活かす資産運用の選び方

セゾン投信
代表取締役社長 中野晴啓
Haruhiro NAKANO

ビジネス社

はじめに

「アベノミクス」という言葉を知らない人はいないのではないかと思うくらい、世の中はアベノミクスで溢《あふ》れ返っています。その意味がわからない人でさえも、気軽に口にできる言葉なのかもしれませんが、実際のところ、アベノミクスの影響はかなり大きなものがあると思います。

その代表格と言えば、円高の修正と株価の上昇です。アベノミクスによって円安が進行して、株価は急激に上がりました。日経平均株価は民主党政権時代の８０００円台から、約半年後の２０１３年５月には１万５０００円台へと一気に駆け上がり、多くの人が日本経済再生への期待とともに、「投資」という行動について意識を高めたのではないでしょうか。

当然ながら、この相場で大きな利益を得た人もたくさんいます。そういう人を見て、「ああ、自分は出遅れてしまった」と嘆く人がいるのも事実でしょう。

しかし、本当の投資をするのであれば、アベノミクスに乗り遅れるとか、うまく乗ったということはまったく関係なくなります。そもそも、アベノミクスだから、という発想とは無縁なのが、本当の投資を続けている人なのです。

それでは、本当の投資とはどんなものか？

これを知っているのは、残念ながらまだまだ少数の人たちです。でも、本当の投資を理解すれば、僕が言った意味がわかっていただけるはずです。

一方で、いくらアベノミクスによって相場がよくなっても、やはり投資に消極的な人がいるのも確かです。勝つか負けるかのギャンブルと混同している人や、投資で儲けるなど下品なこと、と子供の頃から教えられてきた人も多く、あるいは昨今のＡＩＪ投資顧問の消えた年金問題やＭＲＩアセットマネジメントの投資詐欺事件なども影響しているのかもしれません。

実際のところ、まったく勉強もせず、他人から言われるがまま儲け話に乗ってしまえば、大概、損をしてしまうものです。とても残念で悲しいことですが、それは自業自得、世の中にはそもそもおいしい話はないのであって、やはりある程度の勉強は必要になってくるのです。

ただ、ここでいう勉強は、とっさに想像されることとはまったく違うと思います。誰でもできる、とても簡単なことです。本書で僕が伝えたいことさえ心に留めておいていただければ、それで十分です。


また、投資をすると損をするという考えがあり、どうしても預貯金で持ってしまう人もたくさんいます。日本の個人金融資産は約1547兆円（日本銀行「2012年10~12月期資産循環統計」）。その半分以上の約850兆円が預貯金ということからも、いかに日本人がお金を抱え込んでいるのかがわかります。

もちろん、預貯金で持っていれば、お金が減ることはありません。今日銀行に預けた100万円が、1年後に記帳したら80万円になっていたということはないからです。

しかし、ここで考えるべきは、お金の価値の増減です。しかも、グローバルに考えたときの日本円の価値です。

アベノミクスが引き起こした円安により、ざっと1ドル=80円から1ドル=100円になりました。海外に行ったときに従来80円で買えたものが、100円を出さないと買えません。これは間違いなく円の価値が2割超下がったということです。

ということは、100万円の貯金が、実質的に80万円の価値しかないという事態になっているのです。

一歩日本から出てしまうと、確実に円の価値が下がっていることがわかるでしょう。これと同様のことが、多くの人が気づかないインフレによる預貯金のリスクなのです。


そんなことを言われても……

僕たちはどうすればいいのだろう……

そう不安に思うのはわかります。

もし不安を感じたのであれば、今こそが、投資をスタートさせるタイミングです。アベノミクスが目指すゴールとは、日本社会をデフレから脱却させ、インフレ経済に構造転換させることであり、インフレ社会に打ち克つ最適な行動が、投資なのです。


本書は年収500万円の人に向けて書いていますが、なぜ年収500万円なのかと言うと、投資にまわせるお金をちゃんと持っているはずであり、十分に捻出できるからです。

自分は、投資のための資金などないと思っておられるかもしれませんが、それは大きな勘違いです。世界的に見ても、年収５００万円はかなりのお金持ちに入るという事実を知り、その上で将来のことを考えていただきたいのです。

将来のお金はどうやってつくっていくのですか？

この答えを求めていらっしゃる方は、本書を読んでください。答えはこの中にあるはずです。

中野　晴啓

目次

第2章　アベノミクスで貯金はするな

第3章　投資でお金を増やす

第4章 NISA（少額投資非課税制度）を活かす投資信託の選び方

第5章　資金がなくても大丈夫！ 年収５００万円の財産づくり

第6章　余裕資金があるときの投資法

第1章　年収500万円をどう見るか

年収500万円の家庭は、十分にお金持ち

ここ数年、不景気やデフレの進行で、「年収300万円時代」と言われる世の中になりました。それどころか、年収で300万円あれば勝ち組とされるくらい、社会状況は厳しいものがあります。

しかし国税庁の調査によると、日本のサラリーマンの平均年収は409万円（男性504万円、女性268万円）です（平成23年度 民間給与実態統計調査）。日本人の平均年収300万円に比べると、月額で約9万円も多い計算になります。

さらに、年収というとまず個人年収を瞬間的に思い浮かべますが、個人ではなく世帯年収で考えるとどうでしょうか。

厚生労働省の統計では、日本の全世帯の平均年収は538万円で、500万円を軽く超えているのです（平成23年 国民生活基礎調査の概況）。

一部の高額所得者が平均値を引き上げているとも考えられますが、よくあるパターンとしては、夫がサラリーマンで妻がパートという組み合わせです。パートも労働時間数によ

ってはなかなかの金額になります。夫の給与に加算すれば、世帯年収が５００万円を超えても不思議ではありません。

本書は個人ではなく世帯所得に着目して、年収５００万円層の資産運用法を述べるものですが、**年収５００万円ゾーンは海外の先進諸国と比べても、まったく劣らないばかりか、裕福な層である**ことがわかります。

国際労働機関（ＩＬＯ）の調査によると、世界72カ国の平均年収は、１７７６０ドル、約１７７万６０００円（便宜上、１ドル１００円換算。以下同）になります。この調査の対象は賃金労働者で、農業や自営業、自由業は含まれません。

これによれば、最も年収が高い国はルクセンブルクの４万９０６８ドル（約４９０万円）、2位はノルウエーの４万４１３６ドル（約４４０万円）。年収５００万円はトップレベルに匹敵するようです。ちなみに大国アメリカは4位で、３万９１５６ドル（約３９０万円）、日本は17位で、３万２６４ドル（約３３０万円）となっています。

また、自分の年収が世界で何番目になるのかがわかる「Global Rich List」というサイトがあります（http://www.globalrichlist.com/）。

ここで年収５００万円を調べてみると、２０１３年5月の時点で３０７８万６１３７番目。世界人口の0・46%の中に入るという結果が出ました。この数字から考えると、年収500万円はかなりゆとりある層と言っていいでしょう。

また、同じ日本でも、都心に住むのか、それとも地方都市に住むのかでも、年収500万円の価値が違ってきます。地方に住めば家賃や物価が安いため、暮らす上でのベーシックなお金が少なくてすむのです。

ということは、地方に住んでいる年収500万円の人は、都心に住んでいる500万円の人よりもお金持ちということになります。

さらに高齢者の場合には、同じ500万円でも、もっと価値が違います。住宅ローンもない、子供の教育費もかからない、生活費も若い人ほどかからない、そして健康であれば、それほど多くの出費はないかもしれません。したがって、同じ年収500万円でも、子供がいて住宅ローンを抱えている人とは、比較にならないくらいのお金持ちなのです。

ここで、年収500万円について、ちょっと違った角度から見てみましょう。婚活女性が結婚相手に求める年収は、500万円が一つの目安になっています。

それより上を求めると、そもそも相手が見つからないという切実な問題はありますが、それ以上に重要なことは、これから結婚をして生活をしていく婚活女性は、年収500万円であれば大丈夫だと、本能的にわかっているということです。

自分の身の丈に合った生活ができる年収、決して不自由はしない年収、それが５００万円というラインなのです。

日本で生活をしている人の中では、年収５００万円がいかにお金持ちかということは、これまで語られることはありませんでした。

メディアに取り上げられるのは年収何千万円とか何億円というレベルで、それがお金持ちの定義のようになっていたからです。

しかし、この本を手にとった以上、**年収５００万円の人は、自分がいかにお金持ちかということをまずは認識してほしい**と思います。もし自分がお金持ちでないと思っているのであれば、大きな勘違いです。思い上がりではなく、思い下がりも甚《はなは》だしいと言っても過言ではありません。

安定した500万円、不安定な500万円

ひとくちに年収500万円と言っても、安定した500万円と不安定な500万円に分けて考えるべきでしょう。公務員や大手企業社員の年収500万円は、比較的安定した500万円と言えそうですが、自由業など年によって収入が変動する人の年収500万円は、とても不安定な500万円です。

この考え方はとても重要ですが、多くの人があまり真剣に考えることはありません。年収500万円ならどんな人でも、その価値は同じだと思ってしまうのです。

しかし実際は、収入の現在価値がまったく違ってきます。ある年のキャッシュ・フローではなく、その人の将来キャッシュ・フローを織り込んで、その人の現在価値を測る必要があるからです。

たとえば、フリーランスで仕事をしているAさんの今年の年収が500万円だとしても、来年も同じ額だけ稼げるとは限りません。もちろん、500万円以上稼げる可能性もありますが、一方で劇的に減ってしまう可能性もゼロではないのです。

そんなAさんの現在価値はどうでしょう。失礼ながら仮にAさんに値段をつけるとしたら、残念ながら、とても安い価格になってしまいます。Ａさんの将来のキャッシュ・フローは不安定なので、買い手もなかなか判断しきれないからです。

一方、公務員のBさんの年収５００万円は、安定しています。来年も再来年もその水準は基本的に保たれますし、おそらく年を追うごとに年収はアップしていくでしょう。

ということは、もしBさんに値段をつけるとすると、かなり高い価格になるわけです。将来のキャッシュ・フローが見えているので、それを織り込むことができます。買い手も判断しやすいのです。

また、安定、不安定の見分け方の一つとして、社会保障の有無があります。さらに大企業であれば、企業年金が充実していますし、他にも医療制度が整っていたり、社宅があったりと手厚い補助があります。これは公務員においても同じでしょう。保障や補助はかなり充実しています。

しかし、フリーで仕事をしている人には、こういった保障や補助はありません。全部自己負担になるので、そういった観点でも安定か不安定かを分けることができます。

同じ年収５００万円と言っても、こういった違いがあることを認識しなければなりません。将来キャッシュ・フローが見込める現在価値の高い500万円と、非常に変動性の高い500万円。この違いは、そのまま意識の持ち方に関わってきます。

安定した500万円の人は、せっかく安定したキャッシュ・フローがあるのだから、これを存分に活用しない手はありません。将来の成長のために、積極的に挑戦的にお金を使っていくべきです。企業の歯車で終わるような人生ではなく、もっと楽しく豊かな人生にするために、お金を育てていくことに邁進《まいしん》しましょう。

逆に不安定なキャッシュ・フローの人でも、楽しい人生であれば、現状に大きな価値があるのは事実です。しかし、当然ながら、将来のお金を考えると十分足りるわけではありませんし、来年、再来年はどうなるかわからない状況です。

そのような中でも、将来のためのお金は必要ですから、企業が内部留保をして将来の経営の継続性を担保するのと同じように、**不安定な500万円の人は、お金を守ることを意識しながらも、より真剣にお金の使い方や増やし方を考えていく**ことが求められます。

年収500万円に年齢は関係ない

　年収５００万円の人と聞いて、多くの人は30代後半から40代のサラリーマンを想像すると思います。もちろん、このイメージが完全に間違っているわけではありませんが、典型的な年功序列のイメージは、もはや化石化していると言ってもいいでしょう。

　年功序列の制度が崩れてきている今、40代だからといって20代の人よりも収入が多いと思っている人は、非常に考えが古い人です。

年齢と年収がリンクしなくなってきているのだから、20代でも年収５００万円の人もいますし、場合によってはそれ以上に稼いでいる人もいます。

　たとえば、ベンチャー企業の社長の中には、若くして成功をおさめ、その対価として大きな収入を得ている人もいます。そういう人たちは、年齢と年収が比例するような関係とはまったく無縁の世界にいるのです。

　20世紀には、起業を考える人は少数派でした。なぜならば、80年代までは供給以上に需要が大きく、おおむね人手不足、物不足、金不足だったからです。

人手不足の中では、自分がリスクを負って起業をしなくても、仕事はいくらでもありました。就職活動もさほど問題なかったのです。一人で何十社と内定をもらえるような、大企業が門戸を開いて若い人材を取り合っている時代だったからです。そのため自分がサラリーマンという選択さえすれば、それ以降の約40年間のキャッシュ・フローは保障されていたのです。

とは言え、若い人にとっては割に合わない時代でもありました。たとえば、当然のように残業をさせられ、上司や先輩からは理不尽なことを言われ、どんなに頑張っても年収が低いということもあったでしょう。自分の仕事量と給料のバランスが悪いと思う人も、多かったことと思います。

しかし、その見返りは、自分が年を重ねた後にちゃんと用意されていたのです。年齢が上がるにしたがって、ある程度まで出世もできました。よほどのことがない限り、同年代の人が、同じように出世の階段を上っていくことができたわけです。

終身雇用のシステムが確実に機能していたので、昇給・昇進の流れが途中で途切れることもなく、定年までの上り階段と働く場所は保障されていました。

このような構造があったために、若いときには収入が少なく、年をとってから収入が大きくなっていくのは当然だと、誰もが考えていたのです。

なぜこのような仕組みが必要だったのかと言うと、世界的に見ても特殊な高度経済成長の中では、年功序列、終身雇用の仕組みがとても便利だったからです。

人が不足して、どの会社でも必死に人材を確保しようとしているときには、終身雇用や年功序列のシステムが立派なインセンティブになっていたのです。他にも、社員寮や保養所、社員旅行などがあり、福利厚生の充実も定年までずっと同じ会社で働くことへのモチベーションになっていました。

そもそも、なぜ年功序列や終身雇用が機能するのか。今では信じられないこのシステムが成り立ったのは、会社の売上が毎年、右肩上がりで増えていくことが前提にあったからです。右肩上がりの成長の中では、人件費が増えていくのも当然のことだと考えられていました。

しかし、高度経済成長が終わり、21世紀に入って会社の成長が鈍化し、あるいは止まってしまったら、人件費を増やすことができません。そのような中で、どうやって一人ひとりの成果を給料に反映させるのかと言うと、会社の利益に貢献していない人からしている人に、利益を分配するしか方法はないのです。

会社への貢献度による評価に、年齢は関係ありません。いくら年齢が高くても、成果が出せなければ給料は増えないのです。逆に、たとえ20歳だとしても人並み以上に努力して成果を出せば、その分はしっかりと給料に反映されるような社会が、まさしく21世紀の構造です。

しかし、これはグローバルに考えれば当然のことです。**年をとるごとに年収が増えるというのが常識だった日本は、とても変わった国**だということを、日本にいる人たちは気づく時が来たのです。今は経済成長を前提にすることができないので、20世紀の制度はもはや崩壊したといっても過言ではありません。

これは余談ですが、変わっていく時代の中では、今の40代後半の人は一番損をしていると思います。若いときには将来のキャッシュ・フローが見えていたので、いくら年収が低くても我慢をして仕事をしてきました。そして、年齢を重ねていきながら出世をして、それとともに年収が上がっていこうとしていた矢先に、年功序列・終身雇用の制度が崩壊してしまったからです。

何のために、我慢をしてきたのか……。

そんな思いがよぎる40代もいるはずです。

しかし、ここで考えてほしいのは、年功序列、終身雇用が機能した20世紀と、自分の実力があれば年齢など関係なく給料が上がっていく今の時代では、どちらがいいのか？　ということです。

若い人は特にそうですが、30代、40代も、何もしない50代よりはずっといい給料がもらえる時代です。成果を残せばその分はちゃんと評価される今は、むしろとても働き甲斐のある時代に変わったのではないか、と僕は思います。

年収300万円よりもお金がない？

年収５００万円は、確かにお金持ちと言えるのですが、実際にお金を持っているのかというと、疑問符がついてしまいます。キャッシュ・フローに少々余裕があるからといって無駄なことにお金を使ってしまう人もいるでしょう。

年収３００万円が勝ち組だと言われるのを聞くと、年収５００万円の自分は超リッチ。気持ちが大きくなってしまって、つい無駄にお金を使ってしまうかもしれません。もちろん、個人差や世帯の人数、生活環境によって異なりますが、**年収500万円が必ずしもたくさんのお金を持っているとは限らない**のです。

たとえば無駄な買い物だけではなく、日々の生活に必要なものを気軽にコンビニなどで買ってしまうのも、お金が残らない原因になります。

これに関しては、実は、僕自身が非常に反省すべきだと感じています。何を隠そう、普段からコンビニエンス・ストアを利用しており、その回数と額を考えると驚きを通り越して猛省しなければならないくらいです。

必ずしも時間がないわけではない。けれども、面倒だからコンビニを利用する。そうすると、スーパーより2割は高い買い物をすることになります。お酒にしても、発泡酒は嫌だといって2割以上高いビールを飲んでしまう。この2割は、積もり積もると相当な額になるはずです。

また、車にガソリンを入れるときも、何も考えずにハイオクを入れています。しかもセルフではなく店員さんがいるガソリンスタンドで。寒いから、手が汚れるからという理由でセルフを利用しない自分……。もちろん、快楽をお金で買うという意味ではこれも一法ですが、それを毎日続けることができる身分ではないのは明らかです。でも、ついそうしてしまう。この本を書きながら、自分の行動に改めて気づき、深く反省している自分がいます。

年収３００万円層がコツコツと節約をする一方で、ちょっと余裕のある生活に優越感を覚え、背伸び消費や見栄消費をしてしまうのが年収５００万円層です。

高級レストランに行くのはいいけれど、問題はその回数です。月に何度も行ける身分ではないはずです。旅行にしても、１泊３万円のホテルじゃないと嫌だというのは、身分不相応としか言いようがありません。けれどもお金に余裕があるから、つい使ってしまう。

もちろん月に1度くらい、ちょっとした贅沢《ぜいたく》をすることを否定しているのではありません。たまに日々の生活から離れた贅沢をすることが、人生を潤すことは僕にも理解できます。

しかし、気づかないうちに、その回数は多くなっていないでしょうか。使うお金を計算に入れずに身分不相応の贅沢をしてしまうことに、僕は警鐘を鳴らしたいのです。

何度もお伝えしているように、年収５００万円の人は、グローバルに見ればとてもお金持ちです。でも、決して無駄遣いができるゾーンではありません。言い方は厳しいですが、スノビッシュな使い方ができる身分ではないのです。まずは、そのことをしっかりと肝に銘じてほしいと思います。

しかし、それを認識していれば、将来に生きるお金の使い方ができるはずです。これからの人生で、**年収５００万円の人は十分に資産をつくっていける**人たちだからです。そのためには、年収５００万円と思わず、自分は年収３００万円だと思って生活するくらいでちょうどいいでしょう。そうすれば、必ず将来に向けた資金をつくることができます。

年金には頼れないと覚悟する

年金について、多くの人が不安を抱えているのは確かです。特に30代の人は、額をうんぬんする以前に、もらえるのか、もらえないのか、年金は破綻するのかしないのかが焦点になっているほどです。

セミナーなどで話をすると、年金は破綻するのか？　とよく聞かれますが、僕は破綻しないと思っています。なぜなら、日本政府は国民が思っている以上にしっかりした組織なので、無為に破綻させるようなことはしないからです。破綻を回避する手を必ず打ってきます。

しかし、破綻しないようにすることと、今の年金制度がそっくりそのまま維持されることはイコールではありません。確かに国は、年金制度を守るという内容のことは言っています。しかし、よくよく聞いてみると、今の高齢者と同じ金額を給付するとはひとことも言っていないのです。

ということは、将来的には当然、給付額は減るでしょう。しかも驚くほど劇的な減少になる可能性が高い。つまり、**「年金制度」の名前と存在は保たれるが、中身は相当違ったものになる**ということです。

給付額が減ることもそうですが、他にも深刻な問題があります。それは、公的年金が給付される年齢が上がっていくのはほぼ確実だということです。65歳で年金がもらえるのは過去のことになり、この先高齢化が進むにつれて70歳、75歳、もしかしたら80歳になるかもしれません。

これはすなわち、収入がない期間が長期化するということです。今、現役で働いている人も、いずれ働けなくなるときが必ず来ます。そして、平均寿命は短くならないという現実を考えると、自ずと収入がない時期が長くなっていくことがわかります。

年金の給付が先延ばしにされたら、いったい何年、お金が入ってこない状態で暮らさなければいけないのでしょう。もはや年金はもらえたらラッキーと思うのが、スタンダードとなるのではないでしょうか。

いや、正直に言いましょう。

年金はもらえないと思って今から備えていくのが、現役世代のあるべき姿なのです。

グローバルに見れば、公的年金がないのは、ごく普通のことです。たとえばアメリカでは社会保障が日本ほど充実していません。ですから、全部自分たちで賄っていこうという考えが根づいています。日本にいると気づかないかもしれませんが、日本の公的年金制度のほうがむしろ特殊なのです。

頼りの年金も、もはやあてにならない。**仕事がなくなってからの空白期間をいかに生きていくか**。それが、この先の世代の大きなテーマです。

貧困の中で生きるのか、それとも豊かに生きていくのか。

それは、今からの行動次第です。年収が５００万円もある人こそ、そこから少しずつ将来に備えていくことが賢明な行動なのです。

「年金もらい過ぎ世代」がすべきこと

年金に関しては、高齢者が本来よりも高い公的年金を受け取っている「もらいすぎ年金」が問題になっています。２０１３年10月から段階的に解消することが決まりましたが、もらいすぎ年金の額は約10兆円。とんでもない額です。

なぜ、このような事態になったのかと言うと、年金は物価が上昇すれば給付額を増やし、物価が下がれば減らすことになっていますが、名目経済成長が停滞した過去15年の間、デフレが起きている中で給付額を減らさなかったことが原因の一つです。

なぜ給付額を減らさなかったのか。

まずは、選挙を気にする政治家の事情が挙げられます。年金の給付額を減らせば必然的に高齢者の反感を買い、それは選挙結果に直結します。

高齢者を怒らせると、選挙で負けてしまう。だから、給付額は減らさないようにしよう。

つまり、政治家が保身のために、大事な大事な税金を無駄に使っていた、と言っても過言ではありません。

このようなことを平気で行う政治家にもあきれてしまいますが、年金をもらい過ぎている高齢者も「自分はもらい過ぎているんだな」と認識すべきです。

もちろん、もらった人が悪いと言うのではなく、これまでに年金制度を支えてきた若者世代と支えられる高齢者世代のバランスが崩れてきた事実に対して、政治と行政が旧来のシステムを放置し続けた不作為に、問題の根幹があるのです。しかし、ただ高齢者だからという理由で、経済的に守られてしまうのは筋違いです。高齢者を敬い労わることと、経済的フォローはまったく別物だと思います。ここを一緒にしては絶対にいけません。

シルバー価格といってサービスを安く受けられる、場合によっては無料になるのが当然という考え方は、明らかにおかしなことです。電車やバスにしても、東京都をはじめ一部の地方自治体では、高齢者用の無料パスを発行しています。しかし、年金給付を十分に受けている高齢者であれば、役務やサービスの対価について、現役世代と同様にきちんと支払うべきでしょう。

医療費にしても、安く受診できるからといって病院がサロンのようになっていますが、いったいどのくらいの社会保険負担が使われているのかと問いたいくらいです。たとえ

１００円でも、その裏には現役世代がしっかりと負担していることを強く認識すべきです。

このことに関しては、こんなブラックジョークがあります。

サロン化したある病院で、「病院友達」が一人、来ない日がありました。そうすると、みんながこう言うそうです。

「あら、あの人、今日は調子が悪いのかしら」

普通、病院は調子が悪いから行くのです。それを理解せずにサロンだと思って気軽に利用してしまうことに、大きな問題があります。

高齢者の負担増や医療費の問題は、「高齢者には収入がない」で片づけられてしまっています。確かに労働収入はないかもしれません。しかし、年金をもらい過ぎているという事実があるのだから、必ずしもお金がないということではないのです。

こういったことは誰も言いません。もちろん政治家も言うことはないでしょう。けれども、誰かがちゃんと言わないと、誰も本当のことを知らないままで終わって、また同じような間違いが起きてしまいます。

この事実を現役世代が知ると、10兆円を返してほしいと思うはずです。ただ、一度給付したものを返してもらうのは、現実的には困難です。それならば、**現金を返すのではなく、**

投資という形で、次の世代に向けてお金が使われるようにしてくれればいいのです。

高齢者に投資の話をすると、「自分はあと10年だから、今頃投資をしても意味がない」と言われます。しかし、そういう自分本位の考え方はもうやめましょう。

確かに高齢者に残された時間は、若者のそれよりは少ないです。でも、僕としてはこう思うのです。

「だから？」

自分の時間が短いからという理由で、未来に向けて、次の世代のためにお金を使いたくないというのは、自分の子供や孫、その先の子孫のためにお金を使うのは嫌だと言っているようなものです。

自分で終わりにするのではなく、この先ずっと続いていく社会のために使ったお金は、決して無駄金ではありません。このことを僕は高齢者に伝えたいのです。

全員例外なく、将来は不透明

大企業に就職すれば定年まで安泰だとか、大きな組織に属すれば一生大丈夫と思っている人も、いまだにいるようです。しかし、今の時代、その考えはまったくナンセンスです。実際に、これまで安心と思われてきた組織が必ずしも安心でなくなってきていますし、今後、その動きはどんどん加速していくことでしょう。

これからの日本において、どのようなことが起こるのか。

最も確実に起きるのは、企業の淘汰です。近い将来、企業の数は圧倒的に減ってくるのは間違いありません。しかも、そのスピードは想像以上に速いかもしれません。

なぜ企業の淘汰が起きるのかと言うと、そもそも日本では企業の数が多すぎることが理由として挙げられます。この産業構造はまさしく20世紀のもので、21世紀に入ってもしばらくこの構造が保たれていたこと自体、不思議と言えるかもしれません。

たとえば電機産業の場合、日本には総合電機大手が8社あります。日立、三菱電機、東芝、富士通、ＮＥＣ、パナソニック、シャープ、ソニーです。一方、グローバルに力を増している韓国の場合はどうでしょう。サムスン、ＬＧの２社です。日本の大手の数は韓国の４倍。どう考えても多すぎます。

このような構造が成り立ってきた理由は、高度経済成長の中で、ガラパゴスと揶揄《やゆ》される国内に多くの需要があったからです。

日本人は、日本を小さい国だと低く見ているフシがありますが、そんなことはありません。１億２８００万人という、世界でもベスト10に入る人口を抱えていますし、経済規模を見てもＧＤＰ（国内総生産）は２０１２年時点で世界第３位です。日本の国内だけでも非常に大きな市場がある、まれに見る恵まれた環境で経済発展ができたからこそ、大手の数が多くても企業は成長することができたのです。

しかし今は、国内に以前ほどの需要はありません。すでに国内は飽和状態になっているので、海外に出て市場を求めざるをえないのです。そうなると、日本企業の**競争相手は、世界の企業**になります。

たとえば新日鉄の場合、戦う相手は生産規模が４倍近くあるアルセロール・ミッタルや、中国の最大手である宝山鋼鉄です。相手はあまりにも巨大です。

新日鉄は日本国内では、屈指の大企業として知られていますが、一歩海外に出て行くとまだまだ小規模と言わざるをえませんでした。そのため、２０１２年の10月に住友金属と合併をして、社名も新日鉄住金と変えました。その結果、世界で第２位の製鉄会社となったのです。

このようなことは、製鉄産業だけではなく電気産業や自動車産業、製薬会社、金融機関においても可能性がありますし、すでに日産自動車やマツダなどの資本関係は、グローバルな体制になっています。たとえば、韓国のサムスンという世界的な企業を相手に戦うとなると、規模や体力面において中途半端な日本の電気メーカーは、存在自体が危うくなります。

武田薬品や第一三共は、製薬会社として国内最大手ですが、一歩外に出ると、世界ではベスト10に入るかどうかも危ぶまれます。製薬会社の場合、研究開発費にどれだけ資金を投入できるかが勝敗のカギになるので、資本金など会社の規模を大きくしなければなりません。

もはや戦う相手は世界規模ですから、**20世紀のように国内だけを見ていたら、会社の成長も未来もありません**。むしろ、そのような会社は、近いうちに消え失せると考えるほうが自然です。

これは民間企業に限ったことではありません。公務員にも同じ危険があります。絶対に安全だと思われている公務員であっても、市町村合併が行われれば、リストラに遭わないとは言い切れません。今、財政難で苦しむ自治体が多い中で、無駄な人材は雇っていられないのです。そんなことになったら、公務員は本当に悲惨な状況に陥ります。技能も能力もない人では、民間企業に就職することも難しいでしょう。

これから先は例外なく、すべての組織において統合整理が行われるという考えが一般的になります。一生安泰という組織は存在しません。全員が、将来の不安を認識すべき時代になってきているのです。

搾取されないための資産防衛

ここ数年、「国が破綻する」とか「国債暴落」という言葉を聞くことが多くなり、それに関連した書籍も多数、書店に並ぶようになりました。

僕も全国各地でセミナーを行うと、「国は大丈夫か?」「国債は暴落するのか?」と質問を受けます。しかし、僕はそのようなことは起きないと考えています。なぜなら、日本政府はそんなにもろい組織ではないからです。言い方を変えれば、それほど無能ではないということです。

国債も年金制度と同様、政府関係者は非常に賢い人たちなので、破綻しないような方法をしっかり考えているはずです。

あてにしているのは、やはり国民のお金です。現在、約１５００兆円もの個人金融資産があると言われており、それを狙っているのは間違いありません。国の借金は約１０００兆円ですから、国民の金融資産を使えば、借金は解消することができるのです。まずは、増税という形で吸い上げていくでしょう。そしてもう一つはインフレです。インフレは、物価が上昇することですが、見方を変えると、民から官への富の移行になります（これについては第２章で詳しく述べます）。

と言うことは、僕たち**国民は、自分たちのお金が狙われていると思って常に身構えていなければなりません。**ボーッとしていたら、間違いなくお金を国に搾取されてしまいます。

では、インフレに対抗するにはどうすればいいのか。

増税されたときにも、借金暮らしをせずにすむには、どうすればいいのか。

そんな世の中で賢く生きていくには、どうすればいいのか。

それを日本という国を冷静に見ながら、考えることが重要です。

これは国債暴落や国家破綻におびえることではありません。むしろ、その心配はないと思っていいでしょう。日本政府は世界的に見ても堅実な政府です。だから逆に、そのような頭のいい政府が何をするのかを、冷静に考えていくのです。それが、これから僕たちに欠かせない「資産防衛」という考え方になります。

つまり**日本政府は、国を破綻させるような無責任な組織ではありませんが、かと言って僕たちの味方でもない**ということです。

「国が守ってくれる」と思ってぼんやりしていると、国にとってはいいカモになるでしょう。長年コツコツと貯金をしていたのに、気づいたらとんでもないことになっていたということになりかねません。

それを防ぐためにも、国が何かを仕掛けてくる前に、行動してほしいのです。**行動した人だけが、自分の資産や自分自身を守ることができ、本当に豊かな人生を送ることができる。**そういう社会が待っているのが、この先の日本なのです。

第2章　アベノミクスで貯金はするな

長期デフレ社会はなぜ生まれたか

２０１２年の終わり、安倍晋三政権の誕生以降、「アベノミクス」という言葉を連日聞くようになりました。ややこしい内容ですが、ひとことで表すと「デフレ脱却」が一番わかりやすいでしょう。

さらに言い換えると「リフレ政策」。つまり、日本の経済構造をデフレ社会からインフレ社会に変えるということです。

リフレとはReflationの略で、「通貨再膨張」を指します。デフレで停滞した経済の中で、需要を生み出すことで景気を回復させ、デフレからの脱却を図ります。このとき高いインフレが起きないように、緩やかなインフレ率を維持させるのが、アベノミクスのリフレ政策と考えていいと思います。

本来リフレ政策は「ハイパーインフレを避けてデフレを脱却する政策」と説明されることが多いのですが、今回は特別に「適度なインフレ」に誘導するのを容認しているということでしょう。

日本はデフレになって15年が経ち、この間にインフレ社会を忘れてしまいました。しかし、今ここで再びインフレ社会に戻ろうという、価値観の大変革が起きているのです。

そもそもなぜ、日本はこれほどデフレが続いたのか。

この原因には、さまざまなことが挙げられました。昨今、低価格商品が増え、みんながそれを利用するようになったからと言って、廉価品を提供する企業が非難された時期もありました。しかしデフレの根底にあるのは、まったく違う理由です。

デフレは、みんなが現金を動かさなかったからです。

多くの国民が現金・預金としてお金を抱え込み、物を買ったりサービスを受けたりといった消費活動をすることもなく、もちろん投資をすることもなかった。それが根本的な理由です。

確かに、デフレの中では現預金が最強の資産とされ、実際にその価値は上がっていきました。これまで１００円だった物が80円で買えるのですから、相対的に現金の価値が高まっているわけです。

それをみんなが認識していたのか、今や現預金の額は８５０兆円に上っています。これは日本のＧＤＰの約1・6倍という巨額の数字です。

さらに現預金は、毎年1兆円規模で増えるほどの勢いでした。その結果、何が起きたか。銀行の金余りです。

ターニングポイントは１９９８年。この年を境にして、銀行にお金が余り始めました。それでも現預金の額は増え続けたのです。ゼロ金利政策で、預金に金利がつかないにもかかわらず、銀行にお金が集まる流れは止まりませんでした。

普通なら、お金が必要な企業に銀行がどんどん融資すればいい話ですが、そうしたくても資金需要がないほど経済状況は低迷していたのです。

そのため98年まで１００％を超えていた預貸率（預金に対する貸出の割合。１００％以下の場合は、貸出よりも預金が多い）は、約70％まで落ち込むという異常事態となりました。銀行には、貸し出し先のないお金がたくさん眠っていたということです。

銀行預金のうち、１７０兆円は国債を買うお金になりました。なぜなら国債は安全資産とされているからです。もっともリスクがないわけではありません。今後、日本の財政赤字への懸念が増し、国債価格が下落して長期金利が上昇した場合には、大きな損失になることもありえます。

このリスクが広く認識されたのは、２０１０年のギリシャ・ショックがきっかけでしょう。

ギリシャでは政権交代を機に、旧政権が行ってきた国家財政赤字の隠ぺいが露見して国債が暴落し、その結果、ユーロの下落まで引き起こしました。このギリシャ危機は、いまだ記憶に新しいと思います。

もちろんギリシャと日本は状況が違います。日本国債の場合は、９割以上を年金や生命保険会社、銀行など国内機関が保有しており、ギリシャの場合には、７割を外国人投資家が保有していました。

ですから簡単に、日本国債が手放されて価格が暴落するとは考えにくいのですが、今後、日本で金余りが解消して、国債の有力な買い手がいなくなったとき、国債価格は下落していく可能性があります。そうなると国債を持つ金融機関は大きなダメージを受けるのです。

国債を買うということは、本来民間に流通しているべきお金が、国債を通して官（国）に吸い上げられることを意味します。

国債に変わった１７０兆円という金額は、日本の一般会計予算90兆円の２倍弱。これだけのお金が官（国）に行くのだから、市場にお金が流れなくなるのは当然です。お金の流れが滞っている中で消費をしてもらうには、価格を下げるしかありません。そうやってデフレはますます進行し、続いていったのです。

国も何らかの対策をとればいいのですが、銀行にお金が余っている以上、国債を発行すればいとも簡単にお金が手に入ってしまう。目の前に楽な方法があるのに、それを使わない手はありません。

しかし、ここで国が悪いと言って、国のせいにするばかりではいけません。そもそもの根本的な原因は、国民一人ひとりの預金なのです。

デフレでは現預金が一番賢い方法であるのは確かですが、国民が全員で行なったために、長期間のデフレという結果になってしまいました。

この流れを止めようと、日銀は小出しに金融緩和を続けてきました。しかし、結局お金が市中経済の中にまわることはありませんでした。なぜなら銀行は、わざわざ市場へお金を動かさなくても、もっと手っ取り早く儲ける仕組みがあったからです。それが**日銀預金**です。

日銀預金とは、銀行が余ったお金を日銀に預けておく当座預金のことです。これには

日銀預金でトクをした銀行

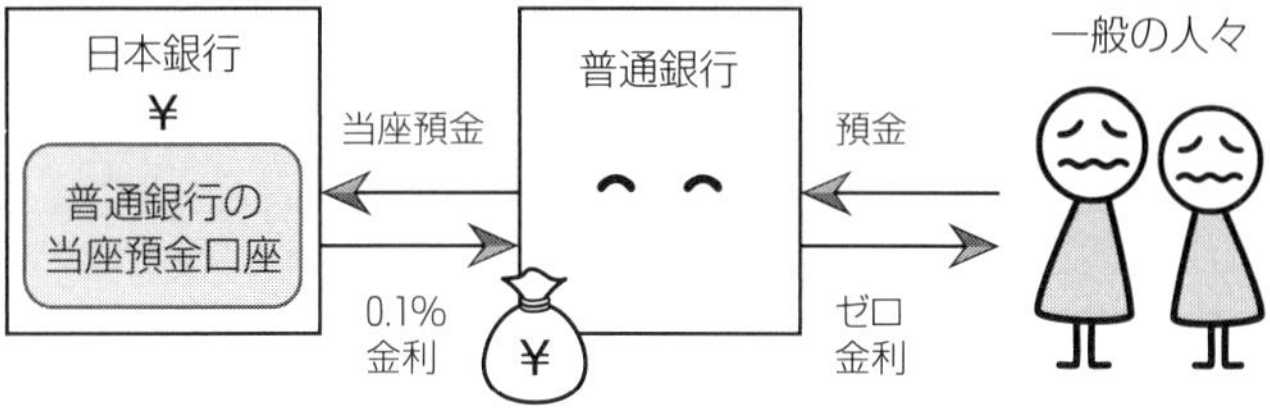

０・１％の金利がつくので、銀行は民間からゼロ金利で集めたお金を預けるだけで、０・１％のさやを抜くことができるのです。預ける額は80兆円規模ですから、金利だけで莫大な額になります。したがっていくら日銀が金融緩和をしても、銀行は当座預金にする傾向にあったのです。

今回、安倍首相と黒田東彦日銀総裁のやろうとしていることは、デフレ経済を是認したような制度からの大脱却と言えます。株が上がった、円安になったという現象でしか見ていないとしたら、それは大きな間違いです。15年間積み上がってきた常識のようなものが、全部覆る大変革が起きようとしているのは間違いありません。

デフレは病

デフレ社会を生きてきた人にとっては、デフレの初期段階は同じ給料でも買える物が増えて、何だかとてもうれしい現象と感じていたと思います。通帳の数字は変わらないけれど、まるでお金持ちになったかのような感覚になりました。しかし、デフレはよくないのではないかと薄々気づき始め、それが確信に変わるまでにはそう時間はかからなかったのではないでしょうか。

なぜなら、自分の給料が下がり始めたからです。

実際にサラリーマンの平均年収は、この10年で45万円も下がり、昨年からの伸び率は0・7％のマイナスとなってしまいました（国税庁「平成23年分　民間給与実態統計調査」）。これはデフレになって、物の値段が下がっていくので、それと連動して企業の売上が下がり、結果的に人件費も圧縮するという流れになったことが原因だと理解できます。

しかし、もっとマクロ経済で考えると、別の見方もできるのです。

デフレになるとお金の価値が上がるので、その国の通貨の価値も上がります。ですから

デフレ・スパイラル

値段が
安い！
モノ・
サービス
提供
代金
企業
売上が低く
企業収益が悪化
社長
給与すえ置き・
引き下げ
従業員
収入が少ないから
値段が安いモノを
買おう
提供
代金
企業
さらに売上低下

円高になって、海外に行けば安く買い物ができました。円高だから海外旅行に行く！　海外のブランドバックを買う！　という人が周りにもいたと思います。

しかし、そもそも利益が減っている企業が増え、経済がよくない国の通貨が上がるのはおかしなことです。世界がこのような事態に納得できるはずがありません。

物やサービスの価格は、通貨の購買力を表しています。つまり、その通貨で購入できる消費の量を示すということです。

サービスを自由に受けることができる市場においては、同じ商品の価格は一つに決まり、これを一物一価の法則といいます。この法則が成り立つとき、同じ商品は同じ価格で取引されるので、2国間の通貨は、同じ商品を同じ価格にするように動くのです。

もちろん為替相場は、購買力以外にもさまざまな影響を受けて動きますが、購買力をもとにした価格から大きく乖離《かいり》した場合には、その状態が長期的には続かないとされています。

為替相場は均衡します。均衡した為替相場を購買力平価といいます。

こうした場合に購買力平価でよく使われるのが「ビックマック指数」です。イギリスの経済誌『エコノミスト』が発表するもので、マクドナルドが販売するビックマックの価格を使って購買力を比較するものです。

世界のビッグマック指数

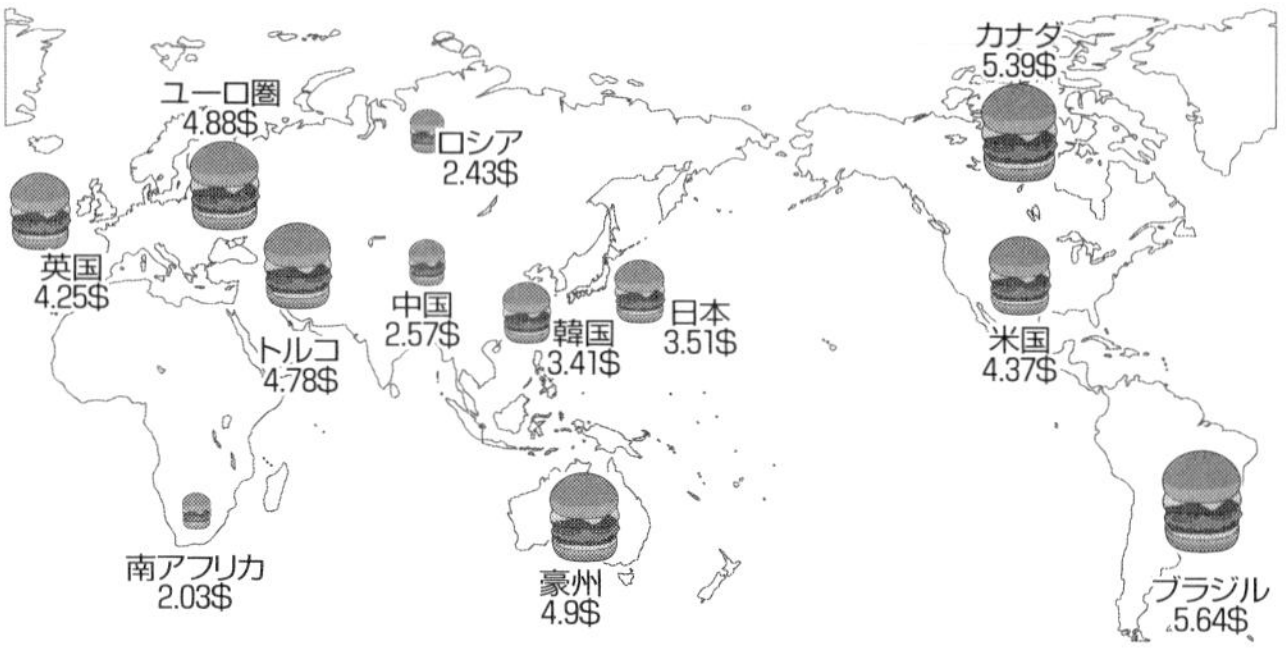

単位：米ドル

出典：2013年　イギリス『エコノミスト』誌

世界中で売られるビックマックは、本来はどの国でも同じ値段になることが前提になっています。たとえば、１ドル１００円の場合、日本でビックマックが４００円だったら、アメリカでも４ドルになっている計算です。実際には、為替の他にも外的要因がたくさん含まれるので、ビックマック指数だけで判断するのは早計ですが、こういった指数があるということを知っているだけでもいいかもしれません。

さて、話を戻して、行き過ぎたデフレによる円高になったときには、購買力の均衡がとれていないため、当然ここを修正しようとする流れになります。これがデフレのペナルティで、日本人の所得が下がるというわけです。日本人だけたくさんのサービスを買えるのはおかしいというのは、こういった背景があるからです。

歴史的に見ても、**デフレになった国の所得は下がります**。これがグローバルに見たときの経済の仕組みなのです。

これまではデフレがいいと思っていた人もいますが、デフレは病としか言いようがありません。個人の所得が下がってしまうし、何より国がジワリジワリと貧しくなっていくからです。

経済のパイが小さくなるのがデフレの最終段階で、そうなると国は完全に貧しくなります。円高が続くわけがありません。ある時、円は危険だとみんながいっせいに円を売り始め、急激な円安とともに一瞬でハイパーインフレになるでしょう。そして、日本の社会構造は一気に壊れます。

これを防ぐためには、これまでとはレベルの違う覚悟を持って対処していかなければなりません。経済が成長しない、景気がよくならないのはデフレが原因なのだから、アベノミクスは相当な覚悟を持って、さまざまな手を打ってくるに違いありません。

アベノミクスの副作用

異次元の金融緩和と言われるほど、強烈な政策を実施するアベノミクス。当然ながら、副作用も考えられます。

今、日銀は紙幣をたくさん刷って市場に出しています。その目的はデフレからインフレにすることで、インフレの目標も2％と明示されました。しかし、2％をどうやってコントロールしていくのかが、いま一つ不鮮明なのです。

紙幣を刷れば、1枚あたりの価値が下がり、円安になります。実際に、円は1ドル＝80円から1ドル＝100円まで一気に円安になり、2013年6月の時点では、ほどほどのところで止まっています。しかし、もしこのまま勢いがついてしまうと、1ドル＝150円、180円まで円安が進行してしまうかもしれません。

そうなると僕たちの経済にも大きな影響が出てきます。アメリカに行っても、コーヒーは日本円で1000円になり、そう気楽に飲めません。グローバルに見ると、日本人がどんどん貧乏になっていくのです。

アメリカの著名な投資家ジョージ・ソロスも「この政策だけでは円安に歯止めがかからなくなり、ジャパンマネーが海外に流出して、円安が雪崩《なだれ》のように進む。日銀の量的緩和規模は米国と同程度だが、経済規模が米国の3分の1の日本では、その効果は米国よりも3倍も強力になる」（毎日新聞社『週刊エコノミスト』2013年5月7日号）と懸念するように、**アベノミクスの副作用の一つは、円安が行き過ぎてしまうことです。**

もう一つは、国債に関連した副作用です。日銀は金融緩和の策として国債を買っています。しかし**国家の中央銀行が、制約なしに国の債権を買うという行為は、ある意味禁じ手**とされてきたのです。

なぜならば、日銀はいくらでもお札を刷ることができます。国家の子会社のような日銀が、親会社（国家）の借金の証文（国債）を買う、どんどんお札を刷って親会社にお金を貸すということは、結託して借金を膨らませているだけで、これはインチキだと世界中に思われてしまう危険性をはらんでいます。

今のところ、世界からは許容範囲と見られていますが、行き過ぎると許されなくなるでしょう。日本は1000兆円という借金をしているのに、どんどん国債を発行している。しかも、それを買い取っているのが日銀というのだから、本当に国債の買い手がいるのか怪しくなってくるのです。

　大事なことは、金融緩和を進めながら、借金を青天井で増やさないような財政政策をきちんと打ち出し、将来的には健全な形にしていくという長期的なロードマップを、日本が世界に対して示せるかどうかです。

　誰もが納得のいくストーリーを描けるかどうか。

　ここに不安があると、日本の信用はなくなってしまうので、国債の買い手がいなくなり国債は暴落します。

　もしも本当に国債を誰も買わなくなったら、１ドル＝２００円どころではありません。１ドル＝１０００円レベルのハイパーインフレになってしまうかもしれません。それは、日本の信用がなくなるということです。

　ただ、ギリシャのようになると言う人もいますが、さすがにそれは暴論です。日本とギリシャには根本的な違いがあります。それは、国債の買い手です。前述したように、ギリシャ国債は外国人が買っていたので、貸した金を返せと躍起になり、ギリシャ・ショックが起きました。しかし、日本国債は日本人が買っています。主な債権者は、国内の年金や生命保険会社、そして銀行です。つまり、問題を起こしているのは同じ日本人ということで、国を揺るがすような暴動は起きないのです。

外国人はこの事実を知っているので、日本を信用しているのです。しかも日本には1500兆円の個人金融資産があり、日本の借金はこれだけで賄うことができます。したがって、海外から見ると日本はとても安心できる国と評価されるため、簡単にギリシャのようにはなりません。

しかし、もし国債が暴落するようなことがあったら、僕たちのお金は間違いなく、国に吸い上げられていきます。そんなことがあってはいけないと、ちゃんと考えていくのもアベノミクスの重要な使命なのです。

1000兆円の借金は必ずしも返さなくてもいい

日本には1000兆円の借金がある。これは紛れもない事実です。

ただし、みなさんが思っていることの中には、大きな誤解が存在しています。まずはそれを解かないといけません。

みなさんは、

「国の借金は必ず返さなければならない」

そう思い込んでいないでしょうか？

財務省の見解を聞くと、いかにも「1000兆円の借金は絶対に返さなければならない」と思ってしまうのですが、はっきり言って、それは無理な話です。消費税を上げたり、いろいろなところで増税されたりして、少しずつ税収は増えていくでしょう。しかし、それでは1000兆円の借金を返済することはできません。

しかし、長期的な経済成長、たとえば3・5％の経済成長を着実に続けられれば、20年後には、日本の経済規模も今の2倍になります。

これ以上借金を増やさなければ、経済規模と借金の額が等しくなり、世界的に見れば健全な国になっているでしょう。

そうすれば、スムーズに国債の借り換えができます。逆に考えれば、借り換えができるような信用を保ちながら、1000兆円という**借金に見合う健全な大きさの経済をつくっていけばいい**のです。つまり、今の日本の500兆円という経済規模を、これからの経済成長をもとにして1000兆円まで大きくしていくのです。そうすれば、借金比率200％の現状から、世界的に見ても「普通」で通用する100％になってきます。これが財政再建です。

財政の健全化は、20年くらいの時間軸で進めていくものです。

しかし国は、すぐにでも消費税を上げないといけないというようなことを平気で言います。その理由は、1000兆円もの債務をどう減らしていくのかという側面からしか言わないからです。それにみんな踊らされているだけであって、見方を変えれば、**債務を増やさずに経済規模が今の倍になればいい**ということがわかるでしょう。

日本の経済成長の話をすると、「日本はこれから人口が減るから期待できない」との意見が出ます。もし日本が鎖国をしていたら、人口減少は経済成長の足かせになるのは間違いありません。しかし、それは江戸時代の話です。今はグローバリゼーションの時代、内需がなくても、それ以上の外需があるのです。

たとえば、トヨタの自動車が売れているのは、海外です。コマツの重機もそうでしょう。日本では売れなくても、これから発展する国で売れているのです。そして本社が日本にあり、海外で稼いだお金を日本に戻しているため、法人税という形で日本の財政の一部になっているのです。

ただし、日本の法人税率は世界的に見ると非常に高く、このままでは、日本に本社を置く企業はどんどん減っていくでしょう。どの国でもビジネスはできますし、むしろ法人税が安く今後発展していくアセアン諸国で、ビジネスを展開したほうが有利だと考える起業家もたくさんいます。だから、日本を代表するような企業が、いまだに日本に本社を置いていることは、とてもありがたいことなのです。

日本が抱える問題の一つは、世界で競争できるような環境が整っていないことです。先ほどの法人税もそうです。日本経済を成長させるためには、まだたくさんやるべきことがあるのは間違いありません。

貯金ではインフレに勝てない

アベノミクスが十分に機能していくと、物の値段が上がってきます。つまり、これからは着実にインフレになっていく社会が待っているということです。

今、日本で生活をしている人が、インフレになったと実感するのはもう少し先のことになります。ただ、**僕たち日本人は、すでにインフレの擬似体験があります。それは為替相場の変動です。**為替が1ドル＝80円から急激に1ドル＝100円まで円安になったことで、これまで買えた物が買えなくなったという事実です。

たとえば、1年前にハワイに行って買えたブランド品は、今行っても買えないかもしれません。なぜなら、2割以上円安になったということは、ハワイの物価が2割以上、上昇したことになるからです。1ドル＝80円のときの400ドルのバックは、日本円にすると3万2000円でしたが、1ドル＝100円の今は4万円になっているのです。

「ああ、円安になっちゃったからね」

これで終わって、何も考えずにいてはいけません。

ここで大事なことは、**円安は日本人一人ひとりの購買力が下がったということです。**言い方を変えれば、日本人は2割貧乏になってしまった……。通帳に書いてある数字は同じでも、日本人は確かに2割貧しくなっているのです。この事実を、もっと強く認識しなければなりません。

何が2割減ってしまったのかと言うと、現預金の価値です。銀行に預けていれば絶対に安心だと思っていた現預金。もちろん、100万円預金をしていたのが、記帳してみたら80万円になっていたということではありません。しかし、グローバルに考えれば、100万円はたった数カ月で80万円の価値になってしまったのです。

さらに違う見方をすると、2013年3月、財政危機に陥ったキプロスでは預金課税を行うとして世界的な騒ぎになりました。しかし、日本人はもっと課税されていると考えることもできます。現預金の価値が2割少なくなったということは、知らない間に2割課税されていたのと同じです。この事実を知らない人が圧倒的に多いのが、日本の実情と言えます。

一方で、同じ100万円でも、それを投資にまわしていた人はどうでしょう。アベノミクスで株価が上がり、資産はここ数カ月で3割から4割ほど増えています。現預金では2割減って、投資では3割増える。ということは5割相当の差ができています。

貯金は安全だ、絶対に減らないという神話は、もはや崩れてしまったのです。

この先、現預金は、目減りしていく大きなリスクを持っているものとして考えていく必要があります。

自分たちが疑似インフレ体験をしていることを認識し、インフレに対応していくことが、これからの社会に生きていく僕たちに求められることなのです。

インフレは国民から国家への富の移転

アベノミクスでは、インフレにするという意味を「デフレ脱却」という言葉で表現していますが、この他にも、大きな意味があることを知っている人は案外少ないと思います。

実はデフレ脱却、すなわち**インフレは、結果的に国や地方の1000兆円に上る借金を減らすこと**とイコールなのです。

膨大な借金を抱えた国家が、それをどうやって減らしていくのかというと、方法は二つしかありません。

一つは増税です。実際に日本は消費税を上げることが決定しています。2014年4月には、現在の5%が8%になり、2015年10月には10%まで引き上げられます。これは誰もが認識していることでしょう。

また、富裕層の所得税と相続税の最高税率も、それぞれ5%ずつ引き上げになります。

これよって所得税の最高税率が、40%から45%になります。相続税の最高税額は、基礎控除額を差し引いた残りを相続分で按分《あんぶん》後に、対象が3億円を超えた場合ですが、現在の50%が55%に引き上げられます。このようにして、複数の場所で増税が行われていくのです。

もう一つはインフレです。インフレとは通貨の価値が下がり、相対的に物の価値（物価）が上がることです。通貨の価値が下がるということは、同時に日本円での借金の価値を減少させることになります。見た目の数字は変わりませんが、もし通貨の価値が2割下がったとしたら、今ある国の借金1000兆円は実質800兆円になるというわけです。

とは言え、借金の価値だけが減少するのは、社会構造としてもおかしなことです。どこかで埋め合わせをしないと帳尻が合いません。

では、どこで合わせるのかと言うと、国民の現預金の価値です。国の借金の価値が減るのと同じように、現金の価値が減ればその分、国民の現預金は消滅することになります。

そう考えると、インフレは、国民から国家への富の移転です。

デフレ脱却をうたうアベノミクスの奥にあるのは、日本が背負い込んだ巨額の財政負担を減らすことなのです。これが今、始まったということを認識しなければなりません。

つまり、今まではデフレだから、現金を持っていればよかったけれど、もはやそうではないという状況になってきたのです。むしろ、現金を持っていることが大きなリスクになる時代なのです。

預金は元本割れしないというのは、通帳の上だけの話です。実際には、大きく元本割れをしています。しかも、国民の気づかない中で、インフレが進行すればするだけ、着実に価値が減っていくのです。

「インフレで物価が高くなってしまう」

「買い物がしづらくなる」

もはやそんなことを気にしている場合ではありません。物の値段が高くなること以上に、僕たちが強く意識しなければならないのは、日本円の価値がどんどん減ってしまうということなのです。

異次元の金融緩和で危機を乗り切る

アベノミクスと日銀の行動は、「異次元の金融緩和」と呼ばれています。では、何が異次元なのか。

第一に言えることは、日銀が国債などの買い手にまわったことです。これは、以前の日銀にはなかった非常に画期的なことだと思います。

日銀の伝統的な政策は、お金を市場に出すために、まずは銀行にお金を貸して、そのお金を銀行が世の中に出すという方法でした。しかし今回は、日銀が直接買いにまわることになります。国債やＥＴＦ※（上場投資信託）、Ｊリート（不動産投信）などを日銀が市場から直接購入するのは、これまでの長い歴史を見ても例のないことなのです。

世界を見渡せば、実はアメリカでは、同じような政策をとってきました。リーマン・ショックの後、強烈な金融危機に陥ったとき、アメリカはＱＥ（Quantitative Easing　量的金融緩和）に踏み切りました。量的金融緩和は、金利の引き下げではなく、中央銀行の当座預金残高を増やして市中にお金を流通させ、金融緩和を行う方法です。

通常、金利を下げていくことで投資を促し、景気は回復されるのですが、デフレが進行すると金利をゼロにしても景気は戻ってきません。そこで、金利はゼロのままで、市場に多くの資金を供給するのが量的金融緩和です。

アメリカでは２００８年11月から２０１０年３月までに、１兆７５００億ドル（約

140兆円）の金融緩和を行いました。これがQE1です。さらに、2010年8月から2011年6月までに9000億ドル（約73兆円）が市場に供給され、この政策がQE2と呼ばれています。

具体的には、QE1では、サブプライム・ローン問題から引き起こされた金融危機に対してMBS（Mortgage-backed securities　住宅ローン担保証券）や米国債などのリスク資産を中央銀行が買っていったのです。QE2は、景気回復の促進とインフレ率の低下を止めることを目的として、長期金利の押し下げを狙い、9000億ドル分の米国債が買われました。

そして昨年末に実施したQE3で、毎月850億ドルの米国債、MBSを購入し、中央銀行の資産はさらに拡大を続けています。2008年の金融危機以降、3回にわたるQEでFRB（米連邦準備理事会）の総資産は3兆ドル（約300兆円）を超えました。

通常、中央銀行の役割はリスク資産を買うことではありませんが、なぜ、このようなことをしたのか。もともとの大きな理由は、金融市場にリスク資産の買い手がいなくなってしまったからです。買い手がいなければ価格はどんどん下がります。誰かが買わないと、市場価格はもとに戻りません。ならば、これまで資金の出し手だった中央銀行が買い手にまわって、価格を上げていくしかないのです。

当時は多くの批判を受けていましたが、アメリカの実体経済が着実に元気になってきているることからも、この判断は正しかったと言えるでしょう。

今、これと同じことを、日銀はしようとしています。思い切った政策によって、これまでとはお金の出し方を変えていくのです。

異次元の金融緩和と言われるもう一つの所以《ゆえん》は、日銀が買う額にあります。

長期国債の保有残高を、年間50兆円のペースで増加させるというのです。これはたった2年で2倍になる計算です。さらに、ＥＴＦは年間１兆円、Ｊリートは年間３００億円のペースでそれぞれ残高を増加させます。これほどの額を買うことは、これまでの歴史の中にはありませんでした。

みんなが買わないから日銀が買うという強い意志表示が、異次元の金融緩和です。株を上げよう、不動産を上げようというのが、アベノミクスの主張なのです。

そして、その先にいったい何があるのか。

株や不動産で資産が増えた人は、消費をしたくなります。今まで我慢してきたものを買うようになります。ファミリーレストランで食事をしていたけれど、今度はホテルのレストランに行くようになるでしょう。旅行をするにしても高級旅館に泊まるようになるかもしれません。つまり、消費が徐々に盛り上がってくるのです。

結果、企業の売上が伸びて、日本経済の景気が回復するというのが、まさに政府と日銀の描くシナリオなのです。

※ETF（上場投資信託）はExchange-Traded Fundの略。証券取引所（金融商品取引所）に上場されて上場株式と同様に売買される投資信託。Jリート（J-REIT　不動産投信）はJapan Real Estate Investment Trustの略。多くの投資家から集めた資金でオフィスビルや商業施設、マンションなどの複数の不動産を購入し、その賃貸収入や売買益を上げる形態で不動産に投資し、やはり証券取引所で売買される投資信託。

お金を貯め込みたがる人たち

アベノミクスで株価や不動産が上がって、懐《ふところ》が暖かくなっても、どうしてもお金を使うことに抵抗がある人がいます。せっかく儲かったのだから使えばいいと思うのですが、儲かった分は銀行に預けてしまう。貯金が美徳であると考える風習が日本には根強く、それを払拭させるのは至難の業です。

経済やお金のことを知ると、お金は使ってこそ意味があるとわかります。それなのになぜ使うことができないのでしょうか。

それは、お金は、一生懸命貯めこむことで増やしていくしかない、と思い込んでいるからです。お金には自分で働く力がある、お金は生きている、お金にも命があるという発想が皆無です。

結局、経済の中でのお金の役割や、人生におけるお金の位置づけがしっかり認識されていないから、みんな預貯金をしてしまうのです。

将来、豊かな人生を送ろうと思ったら、確かにお金があることが大前提になります。お金がすべてとは言いませんが、お金がないとできないことがたくさんあるのは事実です。

加えて、サラリーマンの年功序列、終身雇用制度は崩壊してしまい、将来に不安があるのは確かです。だからこそ預金に励むのですが、それでは自分が貯めた分が積み上がっていくだけです。年間１００万円貯めるのであれば、10年間で貯まるのは１０００万。それに雀の涙程度の利息がつくだけです。

ここに欠けているのは、**お金は自分で増殖していく力がある**という発想です。年間の100万円が10年後には3000万円になることもある。そういう能力がお金にはあるのです。

ただし、お金は何もないところでは増殖することはできません。増殖していくためには、エネルギーが必要なのです。

このエネルギーは、僕たちがみんなでつくっている経済の中に存在しています。**経済がどんどん成長していくことが、お金の増殖を後押ししていく**のです。

逆に考えると、お金が世の中で働くことなしに、僕たちの社会経済は成長することはできません。この関係が頭の中からキレイに抜け落ちてしまっているから、みんなお金を社会に生かす使い方をせず、預金をしてしまうのです。

しかし、それは仕方がないことです。僕たちにお金のことを教えてきたのは、20世紀を生きてきた両親や教師たちだからです。真面目に会社で働いていれば定年までの職は確保され、その後の年金も十分保障される時代を生きてきた人にとって、お金を社会のために使おう、投資によって社会の中にお金を入れようという考えよりも、貯金をすることのほうが、正しい選択だったのです。善良な市民であれば、当然ながらお金を貯め込むでしょう。

しかし、今はもう、その考えと行動を転換する時です。ひたすらにお金を貯め込んでいてはいけません。ここで僕が言いたいことは、**お金を動かさないと経済は成長せず、お金を増殖させる力を得ることができない**ということです。まずは、この考えをしっかり持ち、実際の行動に移していかないと本質は変わらないのです。

お金は経済の血液

「経済」というと、とても難しいイメージを持ったり、メディアの中だけの話題のように思ったりしがちですが、実は生活に根づいたとても身近なことなのです。

子供でも、たとえ生まれたばかりの赤ちゃんでも、経済と切り離すことはできません。たとえば、赤ちゃんがしている紙オムツ。それを使うこと自体、すでに経済活動に参加していることになります。僕たちの日々の生活でも同じです。喫茶店でコーヒーを飲んだり、本を買ったり、電車に乗ったりすることも、立派な経済活動です。

経済が動き、大きくなるのも、そこに人が生きているからです。水を飲む、トイレに入る、風呂に入る、ご飯を食べるといった当たり前の活動をする、その集積が経済なのです。

ですから、何も難しいことはありません。**僕たちが普段と同じ生活をすることが、お金を動かすことになり、僕たちが生きていることで、お金は経済の中に投入されていくのです。**今、この瞬間も、お金は経済の中に入っていきます。そして、お金は経済の血液となって、経済成長の原動力となっていくのです。

もし、自分の将来が不安だからと、お金をすべて預貯金にまわしてしまうと、経済から血を抜くことになります。これをみんなでやってしまったから、日本経済は貧血を起こしてしまいました。日本全体にはお金が溢れ、金余りと言われて久しいのに、経済は貧血状態。この矛盾は、日本人はお金を使うことに対する抵抗感が強烈で、貯蓄を美徳とするところに原因があります。

けれども、ここで考えてほしいのは、**お金を動かすだけで経済は動くようになる**ということです。すでに書いたように、銀行に預けてしまうから、結果的に国に吸い上げられてしまうのです。お金を腐らせる前に、銀行から引き出すだけでもいいのです。それだけで経済は変わります。以前は銀行に預けていれば、銀行が経済を元気にするためにお金を働かせ、活躍させてくれたのですが、もはや銀行はお金を働かせることができなくなっていることを忘れてはいけません。

とは言え、お金を使うことを勧めたものの、日本においてはもはや使うところがなくなってきています。家の中を見渡すと、冷蔵庫や洗濯機、テレビなどの家電はすべて揃っています。車もある、洋服も十分ある。生活に必要なものはすでに手に入っているでしょう。もちろん、日常的な食料や雑貨などは買う必要があります。しかし、インドや中国、その他の新興国に比べると、圧倒的に物が揃ってしまっているのです。

これから発展していく国では、人々にほしい物がたくさんあり、お金を使うことで大きな満足を得ることができます。だから、どんどんお金を使うのですが、そのステージを30年前に通過してしまった日本では、車を買ってもテレビを買っても大きな感動を得るのは難しくなりました。だから消費が盛り上がらず、経済成長が頭打ちとなり、将来に不安を感じるようになってしまったのです。その結果みんながお金を抱え込み、デフレが進行したわけです。

しかし、使いみちがないのに無理に使うのはとても難しいことです。その代わりにどうすればいいのか？　経済の成長力を高める特効薬「投資」にお金をまわせばいいのです。

これは歴史的な先達である、世界で最初に成熟したイギリスでも行われてきたことです。イギリスは金融立国と言われているように、ヴィクトリア王朝時代に貯めた金融資産を投資にまわして有効に活用しています。お金はあるけれど経済が弱くなってきたときに、豊かさを維持するには、今あるお金を活用するしかないと結論を出したのです。**国内に需要がないのであれば、海外にお金を働きに出せばいい。**そう考えて実行し、しっかりとしたリターンを得ることができるから、イギリスは所得収支が大幅に黒字なのです。

今の日本においても、これと同じことができるはずです。しかも国の単位ではなく、個人の単位で実践できるのです。預貯金として貯め込んでいるお金を、イギリスのように投資という形で経済の中に投入していけば、これから先はまったく違う世界がつくれるに違いありません。

第3章　投資でお金を増やす

S & P500　年平均利回り（分配金再投資）

1960-1969	1970-1979	1980-1989	1990-1999	2000-2009	2010-2012
7.8%	5.9%	17.6%	18.2%	−1.0%	10.9%

1957 年 - 2012 年 S & P 500 株価指数（年率）9.7%

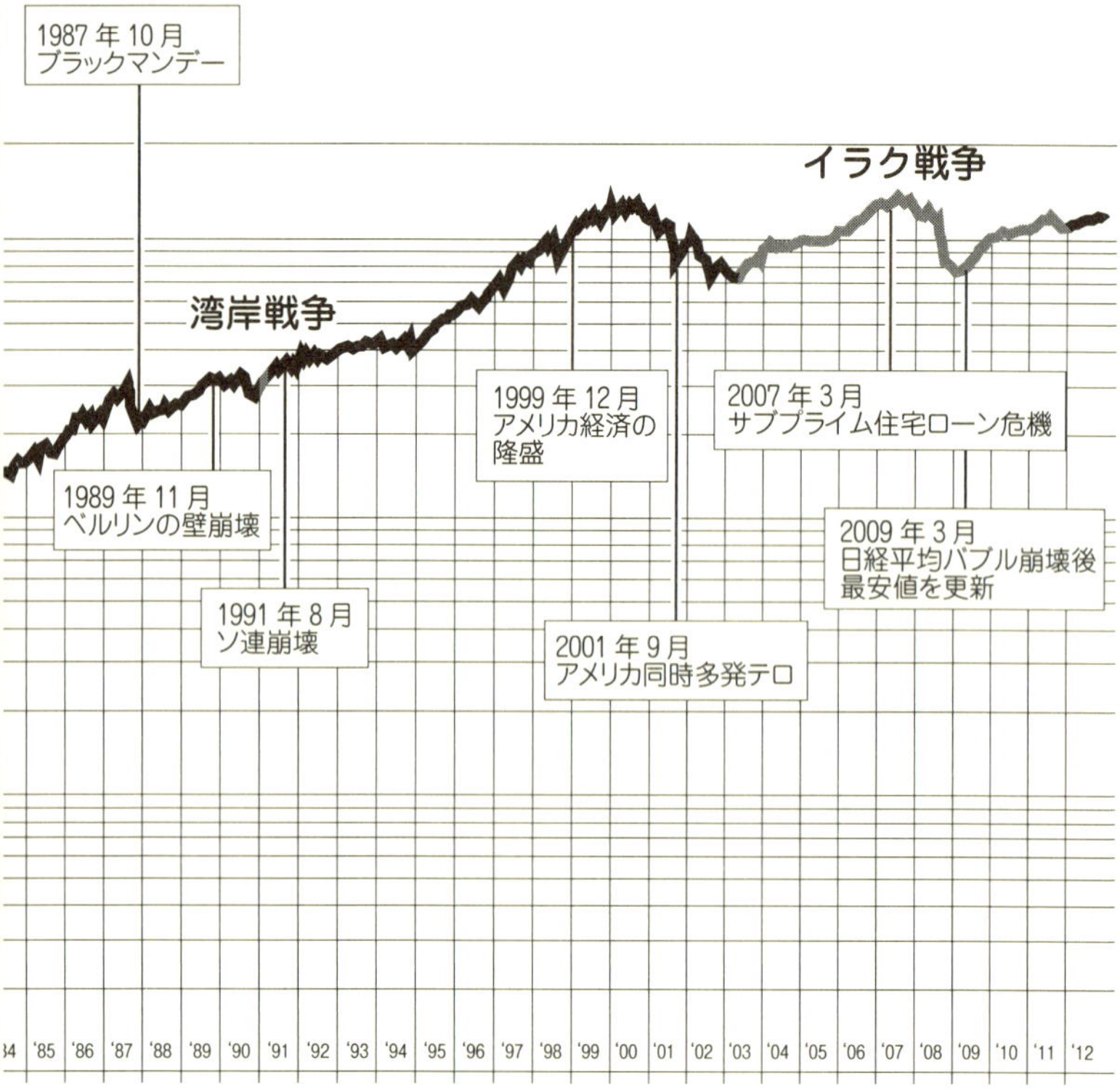

出典：S & P Capital IQ Financial Communications

米国株式市場の推移

S＆P 500の動きで見る1957～2012年

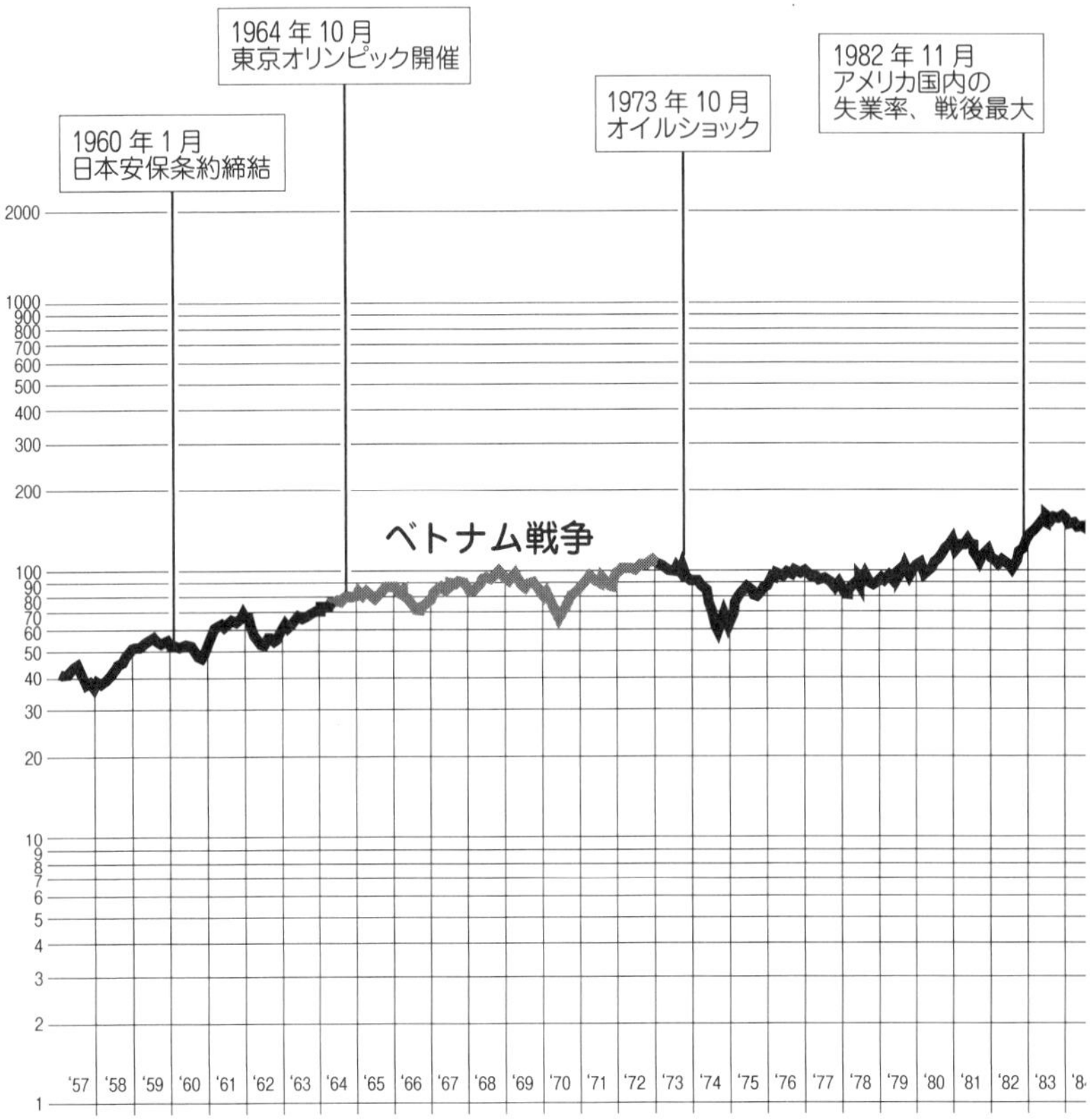

100万円が、77年後には1億1000万円！

前ページの図は、アメリカの株価指数の変遷を示すグラフです。スタンダード＆プアーズ社が代表的な500銘柄の株価をもとに算出した株価指数をS＆P500と呼びます。日本の日経平均株価のアメリカ版と考えていいでしょう。この動きです。

戦争や金融ショック、政治的な事件などを反映して上下することもありますが、遠くから見るとキレイな右肩上がりをしているのがわかります。

もし、あなたが77年前に100万円を投資していたら、今頃いくらになっていると思いますか？

何と1億1000万円以上です。また、約50年前の1963年からであっても、100万円は約2200万円に達しています。

この右肩上がりの流れに乗り、複利を利用することができた人は、100万を投資するだけで、後は何もしなくても大きな資産を手にすることができたのです（複利については、117ページ参照）。

なぜそんなことが可能だったのかと言えば、いくつもの大事件があったにも関わらず、アメリカでの実体経済は、毎年平均して３～４％の安定成長をしてきたからです。日本の高度経済成長のように急激な成長こそしていませんが、成熟経済なりのきちんとした成長を実現する社会構造があったために、株式市場は右肩上がりをしてきました。

２０１３年に入ってからは、ダウ平均が史上最高値を更新して、バブルだと言われることもありますが、実はバブルでも何でもありません。３％程度の安定成長があり、実体経済に裏づけられた高値更新なのです。

前述した１００万円が１億１０００万円以上になるような株式市場には、経済成長がとても重要になってきます。ただし、日本の高度経済成長や新興国のような高い数値は必要ありません。中国の２０１３年１～３月期のＧＤＰは、前年同期と比べ７・７％増。市場の予想が８％だったために景気にかげりが出てきたと報道されました。それでも７・７％の成長をしているのです。**経済が成熟した国では、これほどの成長は見込めなくとも、年に3～4%あれば事足りる**のです。

逆を考えると、**成長がないところでは株式市場全体の価格は原則上がらない**、と言えるでしょう。

そうなると、どこに投資をしたら一番上がるのか？　という話になるのですが、それはその時々によって変わってきます。これから成長していくと言われる国もありますし、注目の産業もたくさんあるのでピンポイントでの成長を追うこともできるでしょう。

しかしながら、昔から「卵は一つのカゴの中に入れてはいけない」と言うように、一点集中型の投資は、リターンも大きい分リスクも大きくなります。長い時間、成長を続ける可能性もあるものの、逆に成長が鈍化したり止まってしまったりする可能性も、ゼロではないのです。

ただ、**これから先も成長していくものがあります。それは世界全体です。**決して急激な成長ではありませんが、世界経済がゆるやかに成長していくのは間違いありません。

もちろん、経済成長が鈍化することもあります。ＩＭＦ（国際通貨基金）が「世界経済見通し」（改定）の中で、「２０１３年の世界経済活動を抑制する要素が消滅し、世界経済の成長率が上昇する可能性がある。しかし経済低迷のリスクは依然として深刻であり、今年の成長率は３・５％、来年は４・１％になるだろう」と、前回の２０１２年10月の予想値からそれぞれ０・１ポイント引き下げることもあります。

しかし、成長しないと言っているわけではないのです。ここを勘違いして、「もう景気はよくならない」とあわてるのではなく、確かに成長をするんだという気持ちで投資を続けることが、とても大事なのです。

世界経済は成長していきます。経済成長は、消費と生産が増大していくことですから、世界的に人口が増加している以上、消費はどんどん拡大されるのです。

そこに人がいる限り、必ず経済活動が行われます。しかも、人間は欲望を持ったイキモノなので、今日よりも明日、明日よりも明後日というように、時間の経過とともに、よりよい生活を渇望するのです。

その経済活動を行う人間がこの先増えていく以上、なぜ世界経済が成長しないと言えるのでしょうか。

ここでもう一度、しっかり確認しておきたいことは、世界経済は成長をし続けているということです。だからこそ、僕たちのお金を投資という形で世界の成長に乗せていくのです。これが**国際分散投資**です。こうして成長のために使われたお金は、世界的な需要と供給の増大をもたらし、経済成長を後押ししていくのです。

そしてもう一つ重要なのが、**長い視野を持って投資をしていく**ことです。決して今日、明日の話ではありません。今日はどうなる、明日はどうなると考えるから、株価の動きが気になったり、相場に踊らされてしまうのであって、長い時間をかけていくと思っていれば相場は関係なくなります。アメリカの株式市場のように、途中にはデコボコした部分が必ずあります。しかし、長い時間をかけることで、それはキレイにならされていくのです。

投資はギャンブルではない

お金は、ただ単に積み上げるだけではなく、成長しているところに投下することで、価値を増やすことができます。そのためには、まずはお金を動かすことが大前提になります。今、銀行に預けてしまって、眠っているお金があるのならば、すぐに投資にまわすのです。

投資は怖いという不安の声や、リスクがあるという意見もあります。それは否定できません。投資なので当然リスクはあります。しかし、長期投資ならば、目先の相場の上げ下げの恐怖や、一喜一憂する感情から離れることができるはずです。

なぜ投資を怖いと感じるのか。それは「投資」を「ギャンブル」と同じように考えているからです。

株を買うと、多くの人は上がるか下がるかを心配します。それでは、まるで当たるか当たらないかの宝くじや競馬と同じではないでしょうか。その行為と投資を同じだと勘違いをしているから、投資は怖いと思ってしまうのです。

実際に、株を買って上がるか下がるかのギャンブルをすれば、損をすることはあります。ビギナーズラックで、最初は勝てるかもしれません。しかし、どんなに優秀な人でも、勝ち続けることはできないからです。そして、負けたときの印象があまりにも強いから「投資をするとお金が減ってしまう」と思い込んでしまうのです。

ギャンブルとして株を買うと、相場の中での上げ下げだけで見るようになります。だから、今日上がるのかどうかだけが、判断基準となるのです。

それに、今日買った株を明日売ったら、10万円儲かったとしても、その10万円は誰かの損の中で生まれてきています。勝つ人がいる一方で負ける人もいる。つまりゼロサムの世界を投資だと思い込んでいるから、怖いと感じてしまうのです。

はっきり言いましょう。

それは、投資ではありません。投機です。バクチです。

バクチだから勝者と敗者が出るのは当たり前なのです。

しかし**本物の投資をすれば、みんなが勝者になれます。**なぜならば、得られるリターンは、誰かの損から生み出されたものではないからです。

投資したお金が世の中のために働き、企業がビジネスをするために必要なお金となり経済の血液になるからこそ、たくさんの価値を生み出すことができます。これによって成長がもたらされ、そこから生まれるリターンだから、誰も損をしないのです。

もちろん、リーマン・ショックなどの出来事があると、一時的に経済の成長が止まることもあります。そこで投資を止めると損が確定してしまうのですが、止めなければ損をしたことにはなりません。

とは言え、金融ショックが起きれば、そこで投資を止めたくなる心情も理解できます。株の値動きを見て、下がってしまったと焦るからです。

確かに、一気に大きく下がってしまったと知れば誰でも驚きます。しかし、僕に言わせれば相場など見なければいいだけの話です。相場を見るから焦るのであって、僕たちが**本来見るべきものは、相場ではなく実体経済**だということを忘れてはいけません。

リーマン・ショックが起きた日（２００８年9月15日）、僕は所沢でセミナーをしていました。リーマンが潰《つぶ》れたと聞いて大変だと言いながらも、セミナーの後にはビールを飲みました。これは、いつもと変わらないことです。リーマンが潰れようが、僕はご飯を食べて、電車に乗って家に帰り、お風呂に入って寝ました。おそらく、多くの人が同じだったと思います。

つまり、リーマン・ショックと実体経済は、あまり関係がないのです。ここにリーマン・ショックが起きたから世界が終わってしまうというロジックは、成り立ちません。なぜならば、相変わらずご飯を食べ、服を買い、日々の生活をしている人々がたくさんいるからです。リーマン・ショックが起きたから、服が買えず裸で歩いている人がいたでしょうか。目で見るものが真実なのです。日常の経済は何も変わっていません。

相場は下がったときに、怖いと言って売る人がたくさんいるから下がってしまいますが、そういう人は、相場が経済とは別の世界だと理解していないのです。本来、僕たちが考えるべきは実体経済なのだから、何も騒ぐことはありません。そのまま待っていれば、下がり過ぎた相場は経済が変わらなければ、やがて戻ってくるものです。

実際にリーマン・ショック後、世界の株式市場は全体で6割近く暴落しましたが、2年後にはもとの水準に戻りました。現在、相場がどうなっているのかは、みなさんご存知のはずです。そして今、世界の株式市場は、実体経済の成長軌道に合わせて上値を切り上げている最中です。

「リスク」とは「値動き」。リスクがあるからリターンがある

これから、一般の人が最も行いやすい投資の一つ、**投資信託**（投信）のお話をしようと思います。投資信託と言うと、必ず聞かれることがあります。

「元本割れをすることってありますよね？」

はっきり言いましょう。

投資信託には、元本割れする可能性があります。

むしろ、しないとプラスになる可能性もない、と言ってもいいかもしれません。価格（投資信託の場合は「基準価額」と言います）が動かないということですから。

そして、もう一つ。

「リスクがありますよね？」とも聞かれます。

これもはっきり言います。

リスクは当然あります。

ただ、みなさんが定義しているリスクと、僕たち運用の世界の人間が定義するリスクには違いがあります。おそらく、みなさんは「危険」「損」などのマイナスを連想すると思いますが、**運用の世界では、リスクは「値動き」のことを指しています。**

「この投資信託にはどのくらいのリスクがあるのか？」とは、「どのくらいの値動きがあるのか？」ということなのです。

値動きがあるというと、どうしても下がることばかり意識してしまいます。しかし、上がるときもあります。下がるから上がる。上がるから下がる。ここは振り子のような関係です。

もし、投資でちゃんと利益を得たいと思うなら、**下がる可能性がある商品を買わないと、絶対に上がりません。**利益は得たいけど、下がるのは嫌というのは、そもそも原理原則に反しているのです。

もし下がるのが嫌だったら、預金しかありません。預金の額面は決して下がりませんが、その分上がりません。上がったとしても、ほんのわずかです。値動きがないのですから、大きく上がるはずがないのです。

この法則をもっと簡単に説明すると、働かないと給料がもらえないのと同じです。お金には自分で働く力があります。そして、働かせるからリターンがあるのです。銀行に寝かしておくだけではお金は働けないので、リターンはもらえません。銀行に預けるということは、お金に昼寝をさせているようなものだからです。昼寝をしている人には、バイト代だって出ないでしょう。それとまったく同じなのです。

本当の投資は産業界を支える

経済活動に投じたお金は、経済成長のエネルギーとなり、その経済成長をつくるのが、産業界です。

たとえば飲食産業、ＩＴ産業、自動車産業などたくさんあり、それらすべての産業界の集積が日本経済になっているのです。日本経済を成長させるためにはお金が必要で、普段僕たちは、消費という形で産業界にお金を入れています。もちろん、これも立派な経済活動と言えるでしょう。

ただ、前述したように今の日本には物が溢れ、消費志向はそれほど強くない状況です。しかし、買うものがないから買わないと言っていたら、日本経済は成長することができません。

だからこそ、**買うものがない人は、投資という形で経済に貢献しましょう**、というのが僕の考えです。

産業界が、どれだけ頑張って仕事をしているのかを知り、その**仕事に対して必要なお金を融通するのが「投資マネー」**です。相場を見て、**儲かるからその会社の株を買うというのとは、まったく別の次元にある**と思って間違いありません。

そういう意味で、投資は経済活動への貢献と位置づけられます。貢献したのであればリターンがあり、その源泉は経済の成長です。成長をつくっていくのは産業界ですから、それが必要とするお金を融通する行為が、本当の投資なのです。

本当の投資とは、産業金融そのものです。これが理解できれば、成長を生み出す会社はとても素晴らしいところで、ビジネスはとても誇らしいことだと気づくのではないでしょうか。

こうして産業界のことを考え、さらに世界経済のことを考えていくと、今後もちゃんと経済は拡大の方向に進んでいくと理解できると思います。ということは、投資をする人はきちんと報われると考えられるはずです。

とは言え、実際に過去を振り返っても、投資はちゃんと報われてきたのです。**資本主義社会は、長いスパンで見ればずっと右肩上がりで成長していました。**この事実を知らないかのように、世界経済の終わりのようなことを言い切る人もいますが、残念ながらそういう人は、投資を止めればいいだけの話です。

人間には成長したいという本能があります。自分に問いかけてみてください。今日よりも明日の方が、もっといい世の中になっていてほしい。そう思いませんか?

人間には今よりもっと便利で豊かで楽しい社会を求めて、それを実現しようとする欲と実践力があるのです。これは絶対になくなりません。これが、成長の原動力になっていくのです。

投資信託は一般人のための投資法

では、実際にどうやって投資をしていけばいいのでしょうか。

投資という行動を一番合理的に行なってくれるのは、投資信託です。

投資信託は、簡単に言えば、投資をする人たちのお金を一つにまとめて投資をする金融商品です。一人ひとりでは**少額でも、人数が集まるので多額になり、それを専門家が分散投資をしながら運用する**という特徴を持っています。

よく「ファンド」と言いますが、※一般的には投資信託とファンドは同じものです（本書でも「ファンド」とあれば、投資信託の意味だと思ってください）。

投資信託でも、１００万円とか１０００万円というお金が必要だと思われたりするのですが、何とワンコイン５００円で買える投資信託もあります（積立の場合）。ネット証券などでは１０００円から買える投資信託が多く登場していますし、一般的には１万円から始めることができます。

セゾン投信の場合、「セゾン・バンガード・グローバルバランスファンド」と「セゾン資産形成の達人ファンド」の二つの投資信託がありますが、どちらも５０００円から積立投資を始められます。

５０００円に設定した理由は、毎月５０００円程度ならきっと誰もができると考えたからです。とは言え、５０００円は決して無駄にできる金額ではないので、その人の覚悟のようなものが必要になります。つまり、自分は将来のために財産をつくっていくのだという気持ちでいてほしいのです。そのため５０００円という金額に設定しました。

では、自分で個別の株式を買う「株式投資」と、「投資信託」を買う投資とは、いったいどこが違うのでしょうか。

まず、株を買うことができる会社の数が圧倒的に違います。確かに、個別株を買うのが投資の王道なので、自分が好きな会社、応援したい会社の株を買うのも結構です。しかし、一人の投資資金では、株を買える会社の数は限られてしまいます。

投資信託の場合、たとえ自分の投資額が１万円であっても、大人数のお金を一つにまとめるので、資金は数百億円、数千億円という規模になり、たくさんの会社の株を少しずつ、分散させて買うことができるのです。

たとえばセゾン投信の「セゾン・バンガード・グローバルバランスファンド」は、世界の株式と債券に半分ずつ投資をする投資信託で、投資先は２０００社に渡ります。もうひとつの投資信託である「セゾン資産形成の達人ファンド」の場合は５００社へ投資しています。

したがって投資家の５０００円は、１円でトヨタ自動車、２円でアップルというように、細かく分散されて多くの会社の株を買っているわけです。このような買い方は、普通の個別株投資ではできません。

お金がたくさんあったとしても、自分でセゾン投信と同じように世界の企業の株を買おうと思ったら、かなり面倒になります。たとえば、アップルの株を買う場合、アメリカ株に対応した口座を開き、為替レートに応じて円をドルに替える必要があります。この作業も面倒ですし、何より為替には手数料が必ずかかります。もし、これを全世界で行うとしたら……。本当に気が遠くなります。

それなら、手間のかからない投資信託を選んだほうが、よほど楽です。

しかも、たくさんの銘柄を買うので、一つの銘柄が下落したところで、気にすることはありません。仮にアップルが暴落したとしても、5000円のうちの2円分なのだから、痛くも痒《かゆ》くもないのです。

また、個別株投資はそれなりにまとまったお金が必要です。しかし投資信託なら、前述のとおり本当に小さい額でも可能です。

さらに、個別株投資のように売買すべてを自分がやりとげなくてもいいのです。集めた資金で何を買えば一番収益が上がるかを、投資の専門家が考えて投資、運用します。投資先になるものは金融商品の株や債券、不動産、コモディティ（金、原油など）、あるいはファンドそのものなど多岐に渡ります。この中から有望なものを組み合わせて一つの投資信託を設定し、運用中は入れ替えや売買によって収益を目指す。この一連の作業を、信託報酬という手間賃を払ってプロに託すのが、投資信託です。

投資信託とは、少額、分散、プロによる運用で、危険を可能な限り抑え、投資に詳しくない一般人も、投資による利益を享受できるようにとつくられたものです。

投資は、お金持ちがもっとお金を増やすための道具というイメージがあります。しかし本来、投資信託は、お金持ちのためと言うよりむしろ普通の生活者のための道具なのです。

投資信託の特徴

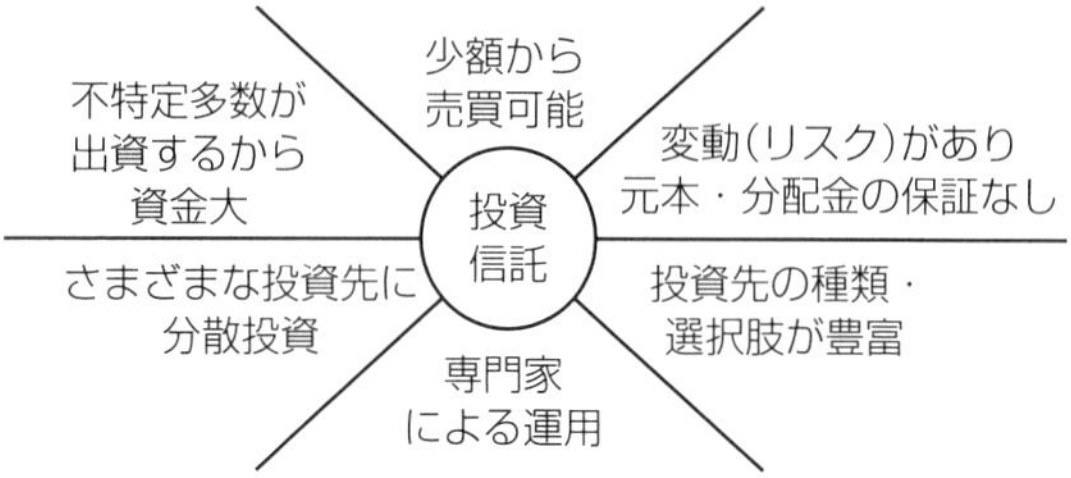

セゾン投信では、純資産残高が７００億円を突破しましたが、投資しているのは、５万７０００人の一般生活者です。

一人あたりの平均投資額は決して大きくありません。けれども、多くの人が集まることで、スケールメリットを享受できます。同じタイミングでスタートしたのであれば、誰でも同じパーセンテージで果実を手にするのです。

投資信託は、誰でもすぐに参加ができる非常に便利な金融商品です。そして、一番の強みは、みんなのお金がまとまることで、世界経済の成長の波に乗せて働きに出せるということです。

そこから得られる果実は、誰かの損から生み出されたものではありません。すべての人の幸せを目指す投資の手段、それが投資信託なのです。

※厳密には「ファンド」とは、基金や運用資金のことを広く指す用語で、「投資信託」は、「投資信託及び投資法人に関する法律」に則り、運営されている金融商品です。ファンドと称するものの中には、特にこの法律に縛られずに運用されているものもたくさんあります。しかし、商品となっているファンドについては、まず投資信託のことと考えて間違いはないでしょう。

投資信託に関わる会社

投資信託に関係している会社を見ていきましょう。まずは販売金融機関です。

投資信託を買うとき、みなさんは大手の証券会社やネット証券をイメージすると思います。昔から、株を買うのは証券会社だったので、投資信託も同じように考えるのは妥当です。

しかし、1998年からは間口が広がり、銀行でも買えるようになりました。80年代にバブルがはじけて株価が大きく下がり、日本に活気がなくなっていました。そこで、証券会社に行かない人たちにも投資信託を買ってもらおうと、販売金融機関を増やし、銀行や保険会社でも販売できるようにしたのです。

２００５年には郵便局で投資信託を購入できるようになり、現在ではほとんどの金融機関で投資信託を買えるようになりました。

では、こういった販売金融機関が投資信託をつくり運用しているのかと言うと、実は違います。ここを多くの人が誤解しているのですが、投資信託を売るところと、実際に運用しているところは異なります。

投資信託を売る金融機関を販売会社、**投資信託を設定・運用している会社を「投資信託委託会社」と言います**（一般に「投資信託会社」と呼ばれます）。

現在、たくさんの数の投資信託があり、投資信託会社では投資対象によってチームをつくっています。この中には銘柄を選んだり、運用方針を決めたりするなどリーダーが必ず存在し、この人をファンド・マネジャーと言います。ファンド・マネジャーは非常に大きな権限を持っていると同時に、大きな責任を負っています。

投資信託会社が買った株や債券などの有価証券は、信託銀行が保管、管理します。仮に販売会社や運用会社（投資信託会社）が倒産したときでも、投資信託の資金は全額保護されます。信託銀行に万が一のことがあった場合は、投資信託の資産は信託銀行の資産とは別に管理されているので、原則的には全額保護されることになります。

投資信託会社は大きく二つに分けることができます。「系列型」と「独立系」です。

系列型は、大手の金融機関や銀行が親会社となって、経営に必要な資金などを受けること、そして親会社が持っている販売網で投資信託を販売することが可能です。そのため規模も大きく宣伝力もあり、人気が出やすいです。

一方の独立系は、銀行や大手証券会社を親会社としていません。独立系投資信託会社として投資信託業界に風穴を開けたのは、１９９９年に澤上篤人さんが立ち上げた「さわかみ投信」です。僕がセゾン投信を立ち上げたのも、澤上さんの存在が大きく影響しています。

その後、独立系と呼ばれる投資信託会社が増えました。中でも、さわかみ投信、ありがとう投信、クローバーアセットマネジメント、レオス・キャピタルワークス、ユニオン投信、コモンズ投信、鎌倉投信、そしてセゾン投信の8社は、共通する特徴的なビジネスモデルを持っています。

投資信託に関わる会社の役割

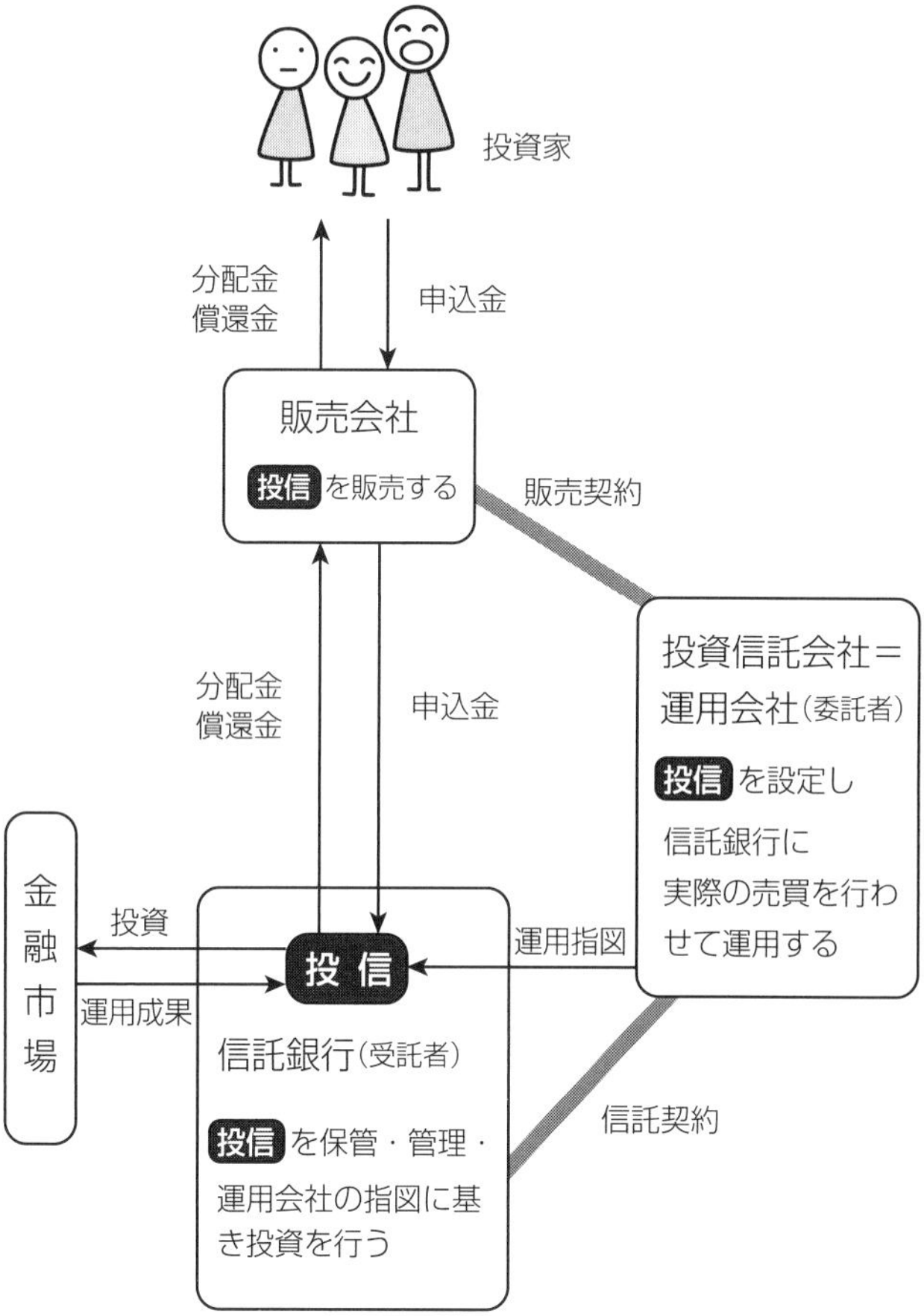
投資家
分配金
償還金
申込金
販売会社
投信 を販売する
販売契約
分配金
償還金
申込金
投資信託会社＝
運用会社(委託者)
投信 を設定し
信託銀行に
実際の売買を行わせて運用する
金融市場
投資
運用成果
投信
運用指図
信託銀行(受託者)
投信 を保管・管理・
運用会社の指図に基き投資を行う
信託契約

それは、投資信託を直販していることです。つまり、どこかの販売網に100％頼るのではなく、自分たちで設定して売る。そうすると、自分たちが販売会社も兼ねることになるので、運用側と販売側の考えが同じになるのです。

多くの投資信託は、販売会社と投資信託会社が異なります。販売会社は販売のプロ、運用会社は運用のプロなので、それぞれ役割と考え方が違ってくるのです。たとえば運用会社が長期投資のための投資信託をつくっても、販売会社がそれを理解せずに売ってしまったら、せっかくの投資信託も利益を上げにくくなります。

僕たちは、この不一致を避けるためにも直販をしているのです。

また、**投資家から見れば、投資信託会社が販売会社を兼務していると、手数料の面で有利**に働きます。

投資信託のコスト

ここで投資信託にかかるコストを確認しておきましょう。コストには購入時手数料、運用管理費用（信託報酬）、信託財産留保額の三つがあります。

まずは販売会社から投資信託を買うときの**購入時手数料**です。販売会社は、あくまで販売をして利益を得ているので、投資家が証券会社や銀行などの窓口で投資信託を買うときには、ほぼ手数料がかかります。

このパーセンテージは投資資金の３％程度が一般的です。したがって、もし１００万円を投資するとしたら、購入時手数料は３万円という計算です。

購入時手数料は、最初に投資金額から引かれます。ということは、１００万円を投資したつもりでも、スタート時から97万円に目減りしていることになるのです。

投資信託の中には**ノーロード**という購入時手数料がかからない投資信託もあります。窓口での購入では信託報酬が高めに設定されているものが多く、売却時の解約手数料が購入時手数料並みにかかる場合もありますから、内容をよく見ることが重要です。

次に、運用管理の費用、すなわち**信託報酬**です。信託報酬は、投資信託を運用していくためのコストです。これは販売会社、投資信託会社（運用会社）、信託銀行に毎年支払われます。

信託報酬は販売手数料と違い、一度だけかかるものではありません。投資信託の財産から毎日、直接差し引かれて、その日の**基準価額**（簡単に言えば投資信託1万口の値段）にはそのコストが織り込まれています。新聞やWEBに掲載されている**基準価額は、すでに信託報酬が差し引かれた価格**ということです。そのため、投資家が負担をしているという認識はとても低いと思います。

毎日計算が行われ、仮に年間の信託報酬が1％なら、1％÷365日＝0・0027％で、資産残高の0・0027％が日々の信託報酬として差し引かれます。

信託報酬のパーセンテージは運用の内容などにより大小さまざまで、投資信託ごとに異なります。中身が同じような投資信託でも、2倍近くの差が出ていることもあるので、ここはしっかり確認しておいた方がいいでしょう。

信託報酬は上記の3社で平等にシェアされるのではなく、約半分程度を販売会社が受け取ることになっています。販売会社は、厳密には投資信託そのものの運用・管理には直接関与しないのですが、業界の慣習で「信託報酬を半分ください。そうでなければ売りません」という暗黙のルールになっているのです。

この業界の慣習に従わざるを得ない投資信託会社（運用会社）は、このままでは当然儲からなくなりますので、販売会社に持って行かれる分を上乗せして、投資家に向けて販売してもらうのです。結果、信託報酬はどんどん高くなっていきます。これも基準価額に反映されます。

最後に、手数料とはニュアンスが違うのですが、**信託財産留保額**があります。これは販売会社や運用会社が得るコストではなく、ファンドの財産に入るお金です。

先に解約をした人が、残ってファンドを作っている投資家に、「お先に失礼します」という意味を込めた「ごめんなさい代」と思ってもらうといいでしょう。

自分が解約するときに支払うもので、逆に他の人が解約するときにはファンドが信託財産留保金を得ることができるので、とても中立的なお金だと僕は考えています。そのため、セゾン投信でも0・1％で設定しています。

信託財産留保額は、あくまで運用会社のファンドに対する考え方次第です。最近では信託財産留保額がかからない投資信託のほうが多いようです。

悠然として財産をつくる長期投資

地球全体に投資をすれば、世界経済の成長の波に乗って相応のリターンを期待できることは、これまで何度も述べてきました。

もちろん、毎年同じ額のリターンが得られるわけではなく、上がる年もあれば下がる年もあります。相場として見れば、このような動きは仕方ありません。

しかし、長い時間をかけて投資をしていれば、**株価は経済の価値に収斂《しゅうれん》していく**のです。これが長期投資理論です。

この理論をもとに流れに乗っていけば、誰でも資産をつくっていくことができます。短期的な上げ下げに、ドキドキハラハラすることもなく、ゆったりとした気持ちで臨むことができるのが、まさしく長期投資なのです。

また、本当の投資は産業界にお金を入れることなので、長期でお金を投資することは、産業活動における長期産業資本ということになります。

これは、60年前に日本興業銀行（現みずほ銀行）が第二次世界大戦後の八幡製鉄所に対して、これからの新しい日本をつくろうということでお金を出したのと同じです。巨額の投資なのでリスクもかなり大きいものとなりましたが、長期産業資本なくしては新しい価値は生まれてこなかったのです。このような投資があったからこそ、日本は高度経済成長を遂げることができました。

これと同じことを、今度は僕たちの手で行うのです。長期投資を通して、産業界にお金を入れていく。そうすれば新しい価値が生み出され、経済は再び成長をしていくことでしょう。

長期で投資をしていると、あるタイミングで資産が驚くほど増えていくものです。まさに、今、アベノミクスがそのタイミングと言っていいでしょう。つまり、相場が上向き、どんどん上がっていくときです。この流れに乗れた人は、特別な能力がなくても例外なく、資産を大きくしているはずです。

ここ数カ月で大きな果実を得た人の中には、アベノミクスで儲かったからと、そろそろ売却して利益確定をしたくなってきた人もいると思います。実際、僕も「そろそろ売ろうかな」という声を聞きます。

僕が、せっかく長期投資をしたのだからこのまま続けてくださいと言うと、決まってこう言われます。

「下がったらまた買うよ」

確かに、利益が出ているときに売却して利益を確定し、下がったところでまた買えればいいに決まっています。しかし、**このような神業はできない**と言って間違いありません。

基準価額が下がったら、もっと下がるのでは、もう上がらないのではないかと恐れて、買うことができません。逆に上がったときは、みんなが上がったと騒ぎ出したのを聞いて、あわてて高額のところで買ってしまう。自分の思いと正反対のことをしてしまうのです。

いったい何をやっているのでしょう。僕はそう問いたくなります。

そんな神技のようなことをしなくても、相場のうねりの中で、**上昇相場を全部ものにする方法が一つだけあります**。

それは、**ずっと投資家でいること**です。

たったこれだけで、相場の上昇を全部手にすることができるのです。

上昇の波が来れば、必ず下降の波が来ます。逆もまたしかり。これは当たり前のことなのです。

でも、人は下がれば焦り、上がると欲張るものです。自分の能力を過信して、身の丈以上の財産をつくろうとするから、強欲になってしまうのです。

それなら、何も考えずに**ずっと投資家でいることで、上向きの波を全部とっていけばいい**だけの話です。

経済は必ず右肩上がりで成長していくのだとすれば、相場のうねりも乗り越えていきます。しかも、このうねりは、成長軌道の上で起きているのです。大きく外れて動くことはありません。もし**相場が軌道から外れることがあっても、必ず戻ってきます**。それは、本来の価値である成長に、価格が収斂するからです。

成長が続く限り、価値はこの先ずっと上がっていくのだから、その流れの範囲で相場は動き、そしてリターンも得られます。

もちろん、1年、2年でわかるものではありません。しかし、10年、20年、30年という長い時間軸では、ちゃんと価値と同じように、投資信託の価値も上がっていくものです。

下がっても上がっても気にせずに続けていく。ジタバタするのが一番無意味なことなのです。

長期で投資をすると……

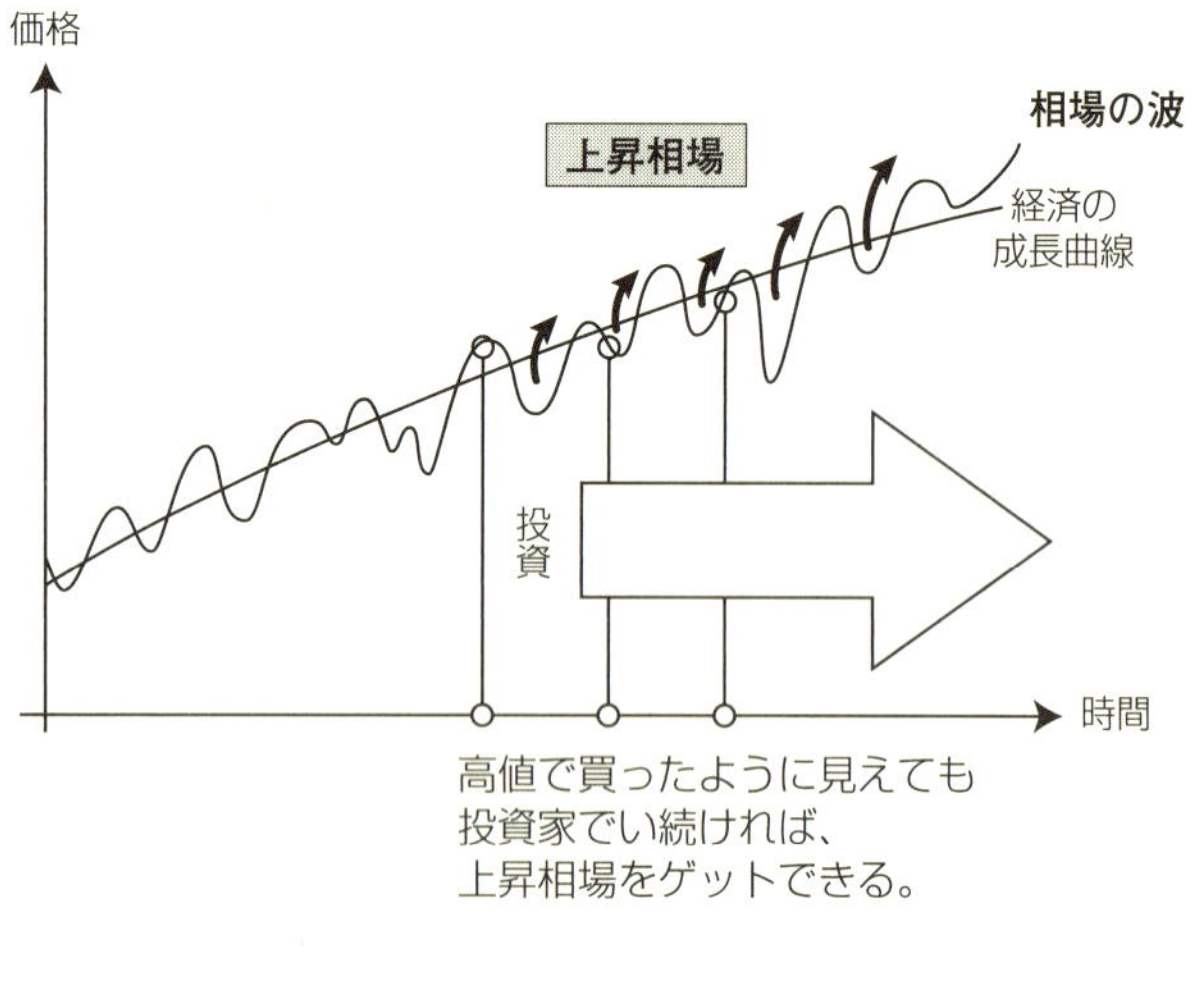
価格
上昇相場
相場の波
経済の
成長曲線
投資
時間
高値で買ったように見えても
投資家でい続ければ、
上昇相場をゲットできる。

自動積立の底力

投資信託の長所の一つは、自動積立の仕組みがあることです。

スタート時に**まとまったお金がなくても投資ができる自動積立**は、たとえばセゾン投信では、毎月５０００円からの積立投資を可能にしました。５０００円はものすごく大きなお金ではないので、ドキドキすることも、苦痛もありません。

もし、一度に投資したのが１００万円だったら、相場が下がるとがっかりです。場合によっては怖くなり、しばらく待てばもとに戻ったかもしれないものを、あわてて損切りしてしまうかもしれません。

しかし、積み立てる額が小さければ、恐怖がやわらぎます。むしろ、相場が下がると安く買えるので、うれしいと思うようになります。これは、とてもすばらしい精神的鎮痛効果だと僕は考えています。そうなると、下がったときこそ心地よいという状況になって、非常によい循環を生みます。

もちろん上がれば上がったで当然うれしいですから、結局、相場が上がっても下がってもうれしい、という理想的な境地に至ってしまいます。積立投資においてはここが一番大事な部分と言えます。

加えて、自動的に銀行から引き落されるので、するのは口座にお金を入れておくことだけ。タイミングを見計らって買い注文を出すという、一番手間がかかることもせずにすみます。極端な話、買っていることを忘れていても、自動的にお金は働きに出ていきます。

さらに、そのための手数料もかからないという、本当に便利な仕組みなのです。

自動積立の強みが特に発揮されたのは、近年ではリーマン・ショックのときです。相場が下落した時期も、自動積立にしていた人は、コツコツと買い続けていたことになります（本人にその意識はなかったかもしれませんが）。

あのとき、世界中のプロの投資家は、恐れて誰も株に手を出すことができませんでした。しかし**自動積立をしていた人は、否応なしに最安値で買えた**のです。

もちろん自分の意思で、積立を止めることはできますが、無頓着な人ほど、ここで買っていいのかという不安や迷いを持つことなく、コンスタントに自分の持ち分を増やしていきました。そして逆風が順風に転換し、基準価額が上昇したとき、多くの人が投資金額以

定時定額の自動積み立て

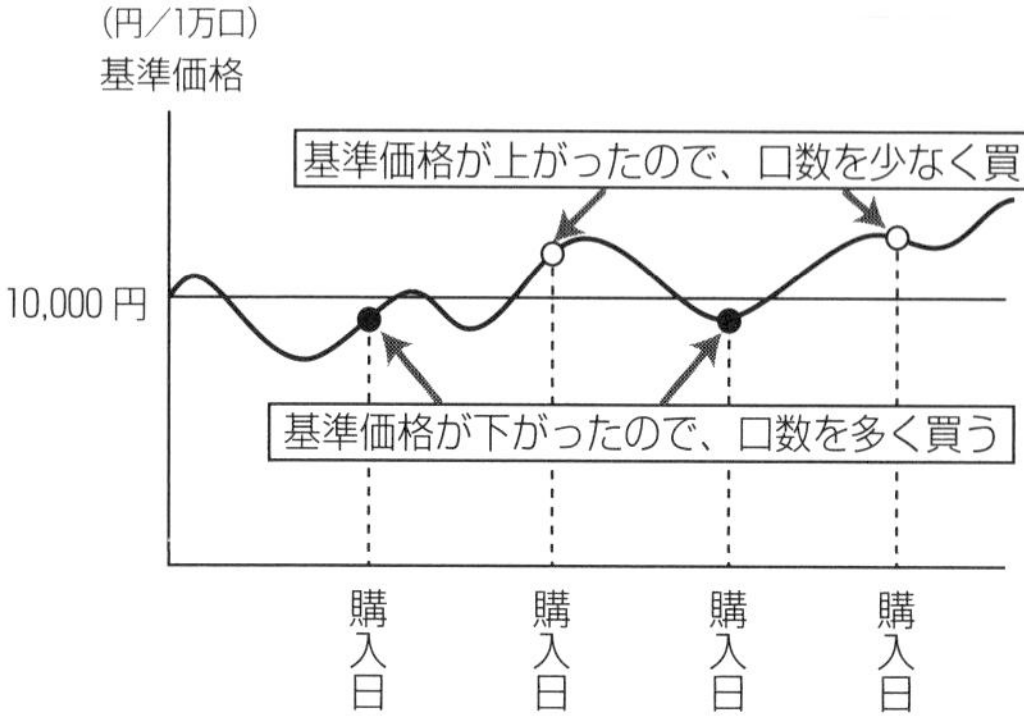

上のプラスを得たのです。

人間にはなかなか難しい、機械的にリズムを刻む自動積立ならではの技であり、底力と言えるでしょう。相場の動きと無関係に一定のリズムで買う、これが自動積立でコツコツ投資していくことの醍醐味です。

投資信託の自動積立を、定時定額制にすると、毎月同じ日に、同じ金額で買うので、値段が安いときには多く、高いときには少なく買うことになります（上図参照）。

投資信託では、取引単位を「口数」と呼びます。価格が安いときに口数を多く買うので、持ち分が増え、価格が上がれば大きなリターンが得られるという、効率のいい運用ができます。

このようなコントロールを自動的に行うのが、

定時定額の自動積立システムの特徴の一つです。

積立を有利にするドルコスト平均法

毎月積み立てる場合は、ドルコスト平均法を活用することができます。

ドルコスト平均法とは、毎月一定の金額で投資をし、価格が安いときには多くの口数を、高いときには少しの口数を買い、平均の購入単価を低く抑えるという方法です。

ドルコスト平均の前提にあるのは、相場は誰も予想できないという考え方です。

もし、この先ずっと右肩上がりに一直線に上がっていくのなら、今、この瞬間に全財産を投資にまわせば、最も高いリターンが得られるはずです。今が一番安いわけですから。

しかし、相場は必ず上下します。相場を予想することは誰にもできず、いつ上がり、いつ下がるというタイミングもわかりません。

ならば毎月、同じ額で、高いときも安いときも買って、買い値を平準化しておこうというわけです。

定額積み立てが有利なワケ（ドルコスト平均法）

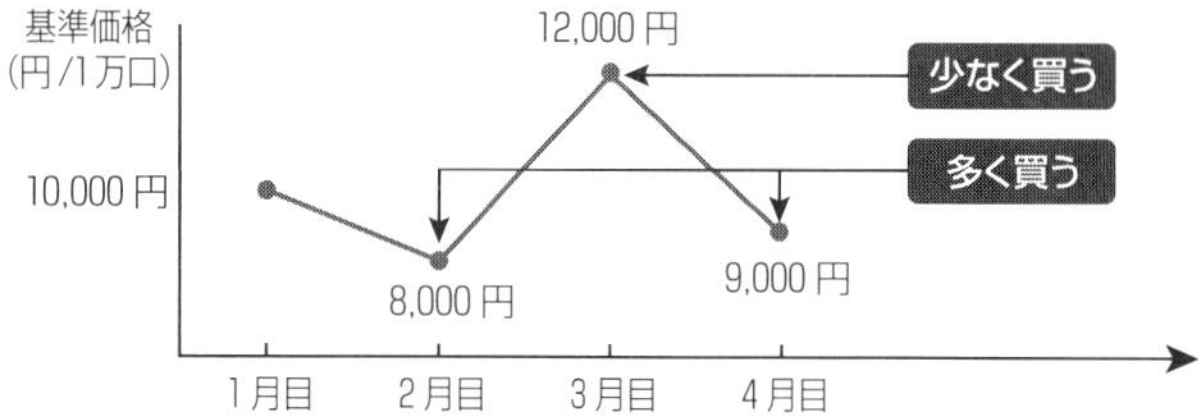

月	1月目	2月目	3月目	4月目	合計	平均購入単価
1万口の基準価格（円）	**10,000円**	**8,000円**	**12,000円**	**9,000円**		
ドルコスト平均法 毎月２万円を購入	20,000口数	25,000口数	16,666口数	22,222口数	**83,888口数**	
投資額	20,000円	20,000円	20,000円	20,000円	80,000円	**9,536円**
一定口数購入 毎月２万口を購入	20,000口数	20,000口数	20,000口数	20,000口数	**80,000口数**	
投資額	20,000円	16,000円	24,000円	18,000円	78,000円	**9,750円**

投資信託を買うときには、毎月、一定の額を買う方法（ドルコスト平均法）と、一定の口数を買う方法があります。113ページの図表を見てください。

一定の口数を買う方法で、毎月2万口を買うとしましょう。

1月目の基準価格が1万円であれば、2万円を投資。2月目の基準価格が8000円なら、1万6000円、3月目の基準価格が1万2000円なら2万4000円、4月目に基準価格が9000円になれば、1万8000円の投資です。

一方、定額を買う方法で、毎月2万円を投資した場合は、1月目に買える口数は2万口、2月目に買える口数は2万5000口、3月目に買える口数は1万6666口、4月目に買える口数は2万2222口となります。

この二つを比べたときに、一番注視してもらいたいのは、平均購入単価です。毎月2万円ずつ定額購入した場合には、9536円。毎月2万口ずつ定数購入した場合には、9750円になっています。

たまたまじゃないか、と思われるかもしれませんが、変動する相場の中で長期間の運用をする場合、定数を買うよりも、定額を買ったほうが、購入単価を低く抑えやすいのです。

また投資信託の残高計算は、「基準価額×口数」と、いたって単純です。自分で基準価格を左右することはできませんが、**自己資産を大きく育てるには口数を増やしておくことが重要**で、それなら不可能ではありません。

相場が下がったときに、**多くの口数を仕込むことができるのは、毎月同じ金額を積み立てる定期定額積立**なのです。

投資先もタイミングも分散させる

長期投資をしようと決めたあなた。今、手元に１００万円があったら、一度に１００万円を買おうと考えていませんか？　もちろん、それは間違った考え方ではありませんが、僕としては、複数回に分けて買うことをお勧めします。

その理由は、先ほどのドルコスト平均法が使えることもありますが、買った後の気持ちにも深く関連してくるからです。もし一度に１００万円を投資して、その後に相場が上がったら、「買ってよかった」と思うに違いありません。しかし、逆に下がってしまったら、

「あのとき、買わなければよかった」と後悔すると思うのです。そんな気持ちのままでは、日々、楽しく暮らせません。

一方、20万円ずつ5回に分けて買うとしましょう。1回目に買った後に相場が上がったら、もっと買っておけばよかったと思う気持ちもあるでしょうが、同時に、20万円は買ってあるからよかったと思えるはずです。逆に相場が下がったときには、あのとき20万円だけでよかった、という気持ちになるのではないでしょうか。

つまり、まとまった資金を数回に分けて投資にまわすことは、相場が上がっても下がっても穏やかな気持ちでいられる方法の一つなのです。

投資信託が、投資先を分散して危険を減らすように、買うタイミングを分散させることで、危険回避に役立ち、あるいはチャンスの一端をつかまえることができます。

よく、買い場はどこですか？　と聞かれます。しかし、そんなことは誰にもわかりません。今日の価格や情報をもとに明日の価格を合理的に計算して、いかにも買い場かどうかを判断することはできるかもしれませんが、その後のことを判断するのは不可能です。誰にもわからないからこそ、分けて買う。これが**時間分散という長期投資の鉄則**の一つです。

複利の力を生かさない手はない

大きく資産をつくりたいのなら、投資を始めたら、途中で解約をせずにずっと続けてほしいと思います。

もちろん、みなさん目的があって投資をするので、使うべき時には使わないといけませんが、定期預金と違って、**全部を解約する必要はありません**。

必要な分だけを取り崩して使い、残った分は投資を続けるのです。そうすると、複利の運用が続くので、お金を大きく育てることができます。

複利をひとことで言うと、「**すべてのお金を休ませないで働かせ続けること**」です。

たとえば、多くの人は銀行で定期預金をしたことがあると思うのですが、金利はどうしていたでしょうか。

おそらく、満期ごとに受け取っていたと思います。くれると言うものは何でももらうのが人間なので、定期の金利もちゃんと受け取って、ご飯を食べたり、旅行をしたりして使ったはずです。

でも、くれるという金利を受け取らずに、また定期に入れたという人もいます。元本と増えた利息の合計を元本にして運用する——この行為が、まさに複利を利用するということなのです。

固定した利回りで複利にすると、どのようにお金が増えていくかを示したのが、119、120ページの図表です。

投資信託に置き換えると、**儲かった分配金を受け取らず、再度投資にまわすのが複利での運用**になります。

長期投資をする以上、将来の財産づくりが目的なので、ゴールは相当先にあります。そこに到達するまでずっとお金を休ませることなく働かせ続けることで、資産は驚くほど増えていきます。

しかし、残念なことに、今日本にある4000本以上の投資信託の7割以上が、毎月もしくは年に複数回の分配金を受け取るようになっていて、複利を選べない商品です。

このような商品が売れる理由は、ターゲットがおもに高齢者で、この分配金がお小遣いになったり、孫へのプレゼントの資金になったりするからです。

分配金を使うのならまだいいのですが、結局使わずに銀行に預けるようになってしまう

複利の力の比較

単位：万円

年数	A（タンス預金）	B（定期0.025%）	C（10% で運用）	D（15%で運用）
1	100	100.0000	100.0000	100.0000
2	200	200.0250	210.0000	215.0000
3	300	300.0750	331.0000	347.2500
4	400	400.1500	464.1000	499.3375
5	500	500.2501	610.5100	674.2381
6	600	600.3751	771.5610	875.3738
7	700	700.5252	948.7171	1,106.6799
8	800	800.7004	1,143.5888	1,372.6819
9	900	900.9005	1,357.9477	1,678.5842
10	1,000	1,001.1258	1,593.7425	2,030.3718
11	1,100	1,101.3760	1,853.1167	2,434.9276
12	1,200	1,201.6514	2,138.4284	2,900.1667
13	1,300	1,301.9518	2,452.2712	3,435.1917
14	1,400	1,402.2773	2,797.4983	4,050.4705
15	1,500	1,502.6278	3,177.2482	4,758.0411
16	1,600	1,603.0035	3,594.9730	5,571.7472
17	1,700	1,703.4043	4,054.4703	6,507.5093
18	1,800	1,803.8301	4,559.9173	7,583.6357
19	1,900	1,904.2811	5,115.9090	8,821.1811
20	2,000	2,004.7571	5,727.4999	10,244.3583
21	2,100	2,105.2583	6,400.2499	11,881.0120
22	2,200	2,205.7846	7,140.2749	13,763.1638
23	2,300	2,306.3361	7,954.3024	15,927.6384
24	2,400	2,406.9127	8,849.7327	18,416.7841
25	2,500	2,507.5144	9,834.7059	21,279.3017
26	2,600	2,608.1413	10,918.1765	24,571.1970
27	2,700	2,708.7933	12,109.9942	28,356.8766
28	2,800	2,809.4705	13,420.9936	32,710.4080
29	2,900	2,910.1729	14,863.0930	37,716.9693
30	3,000	3,010.9004	16,449.4023	43,474.5146

A：毎年100万円ずつタンス貯金　B：毎年100万円ずつ定期貯金（年利0.025%）
C：毎年100万円ずつ投資し10%で運用　D：毎年100万円ずつ投資し15%で運用

複利の力の比較

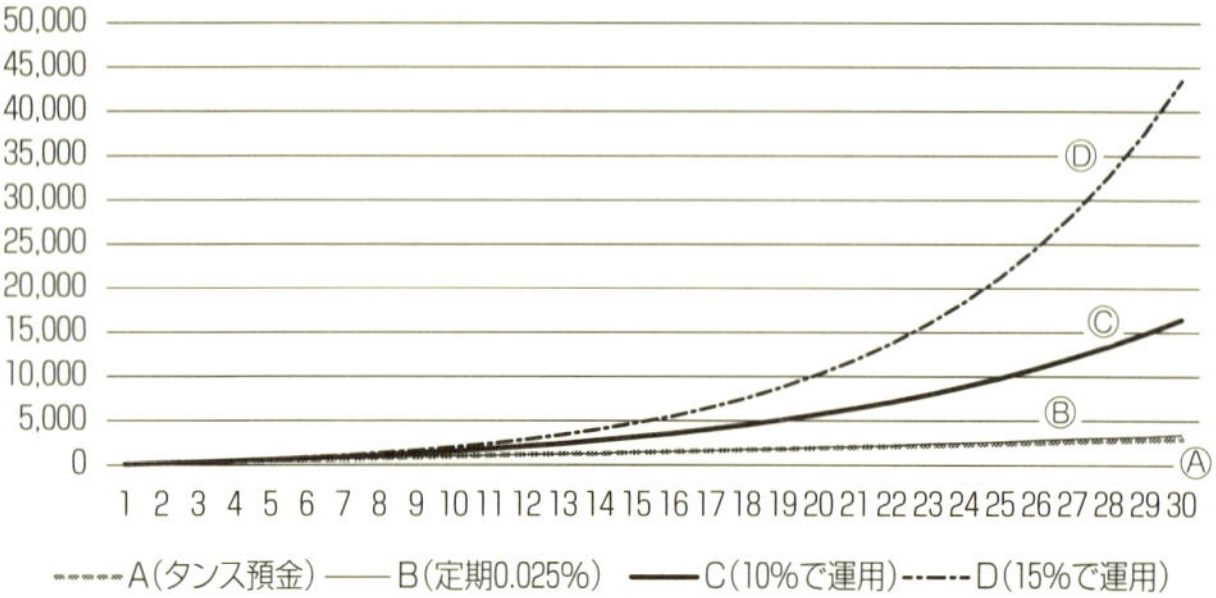

※ p119の表をグラフ化

と、非常に効率の悪い運用になります。

また、毎月の分配金を少しでも高く見せて、おトクと思わせようという高分配競争が、投信業界内に蔓延《はびこ》るなど、病んだ業界構造をますます歪める原因になっています。

人気の高い毎月分配型投信ですが、分配金は毎月ファンドの資産から流出するので、それを投資にまわす**再投資型に比べて複利効果が発揮されません**。つまり、元本の成長、基準価格の上昇が期待しにくくなります。

分配金をもらう瞬間は、とてもうれしいかもしれません。しかし、将来的な財産をつくる上では意味がない、もしくは財産づくりの邪魔をしていると言ってもいいのです。

投資信託で分配金が支払われるイメージ

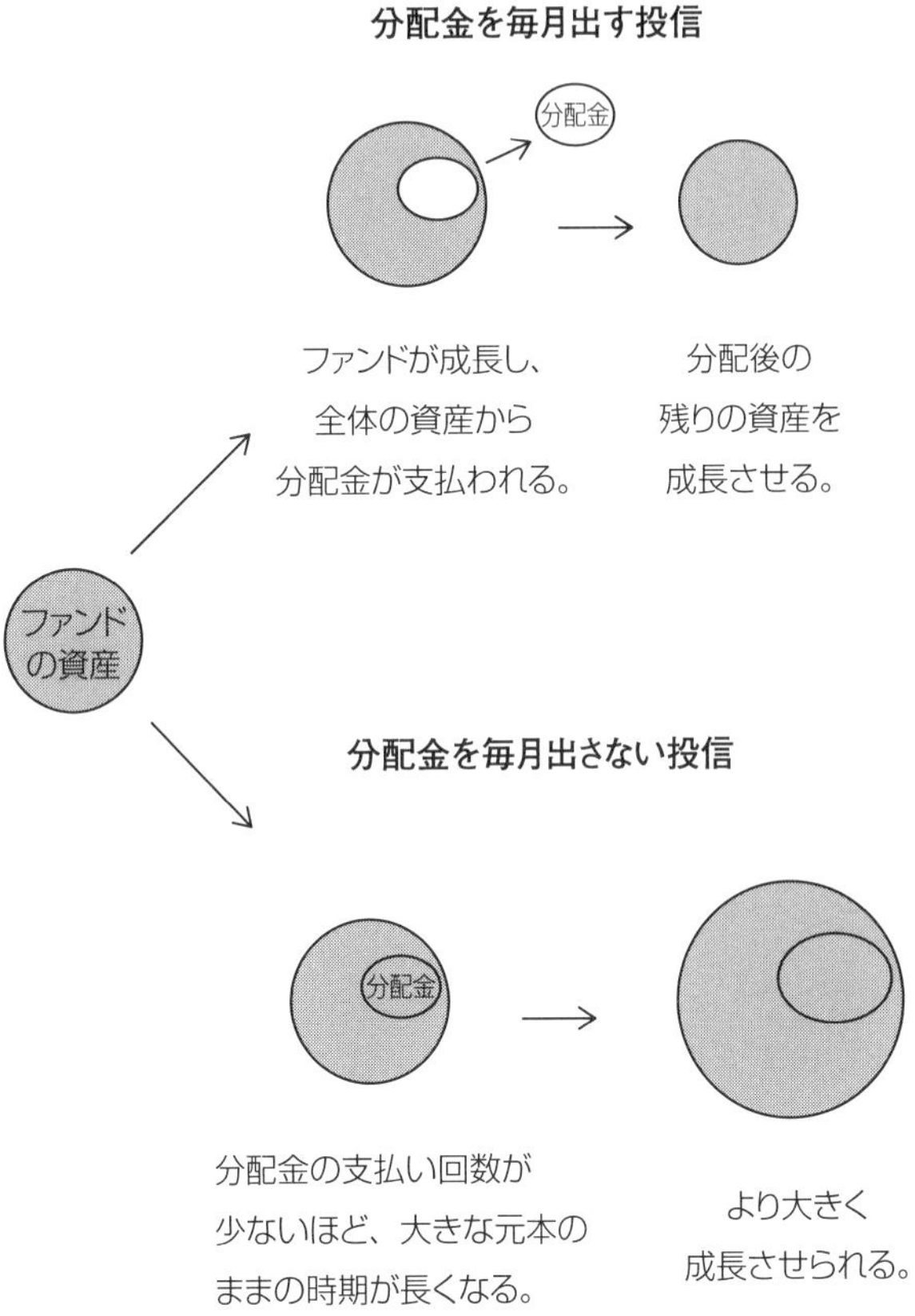
分配金を毎月出す投信
分配金
ファンドが成長し、
全体の資産から
分配金が支払われる。
分配後の
残りの資産を
成長させる。
ファンドの資産
分配金を毎月出さない投信
分配金
分配金の支払い回数が
少ないほど、大きな元本の
ままの時期が長くなる。
より大きく
成長させられる。

複利に関しては、あまり実感を持てない人もいると思います。しかし、日本の経済成長は、実は複利があったからこそ成り立ったと聞いたらどうでしょう。

１９４５年、日本は終戦を迎え、いったん焼け野原になりました。そして１９５２年のサンフランシスコ講和条約によって主権を復活させ、それからはずっと高度経済成長を続けてきたのは周知の事実です。そして、１９９０年にバブルがはじけることになりますが、それまでは世界的に見ても例がないほどの、急激な成長だったのです。

日本経済の成長は、まさに究極の複利の歴史そのものでした。

具体的な数字で見ると、１９５５年の日本の経済規模は約30兆円で、現在のギリシャ程度でした。それが30年後の１９８５円には３６０兆円まで膨らみました。たった30年で12倍になったのです。

経済規模が12倍になったことをイメージするには、自分の年収が12倍になったと考えるといいと思います。年収が３００万円だったら、30年後には３６００万円になっている……。

グローバルに見れば、日本人の平均的購買力が12倍になり、日本人は明らかに12倍お金持ちになったのです。しかも、一部の限られた人だけではありません。1955年からの時代を生きた人は、特に何もしなくても、みんなお金持ちになっていったのです。

この社会構造を支えたものが、年間平均7％から8％の経済成長と、複利です。

20世紀初頭（1901年）、日本は官営八幡製鉄所をつくり、「鉄は国家なり」とのスローガンも力強く、近代産業国家を目指して驀進《ばくしん》しました。2度に渡る世界大戦で多くを失いながらも、こうした産業を基盤に、日本は復興し成長を続けました。

そこから生まれた利益は、また新しい高炉や、自動車をはじめさまざまな産業を興すことに使われました。そこで利益が出れば、さらに次の成長のために使われる――1円たりとも無駄にせず、眠らせない。これが経済成長のために複利を利用するということなのです。

銀行もお金が足りない状況なので、必死にお金を集めていました。当然、今のようなゼロ金利ではありません。お金を預けてくれた人に対して、「ありがとう」の気持ちを込めて、ちゃんと金利をつけていたのです。そして、集まったお金は次の成長のために、産業資本として投下されていきました。銀行にお金が滞留することのない、本当に一切の無駄のない使い方をしている時代だったのです。

その結果、平均7％から8％という経済成長を遂げることができたのです。年収300万円だった人が、30年後には3600万円になるような複利的成長です。

そして20世紀を生きてきた人は、社会構造自体が複利だった上に、終身雇用と年功序列というエスカレーターがあって、真面目に生きていてば、そこから落ちることもありませんでした。だから、1億総中流の時代だったのです。

しかし、これはあくまで20世紀の話です。21世紀になり、僕たちはまったく違う社会を生きているのですから、もはや20世紀の考えにとらわれてはいけません。ここで発想の転換をしないと、豊かな人生を実現できるはずがないのです。

社会がゼロ成長であることは事実ですから、それを嘆いても仕方ありません。これからは、国や政治、会社にも頼らずに、自分の意思と行動と努力、そして決断力で人生をつくっていく自立社会になります。

嘆いている暇があるのなら、行動すべきです。その行動が、複利を利用した投資活動なのです。

下がったときこそチャンス

投資信託で資産を持っている場合、その金額は先述のとおり、

資産＝基準価額×口数

で計算します。

価格が上がり、口数が増えれば、資産が増えるわけです。このうち口数は、自分の意思で増減をコントロールできます。

これまで積立について述べましたが、スポット買い（第6章参照）で、一気に口数を増やすことも可能です。これは自分の好きなときに、口数も自分で決めて注文する方法です。

たとえば、金融ショックなどで相場が大きく下がったときに、自分の意思で買うのです。低い基準価額で有利に買えますから、口数はぐんと増えるでしょう。

毎月定期定額の自動積立でも、口数を増やすことはできます。むしろ、定額で投資をしているからこそ、口数を増やせると言ってもいいかもしれません。

その理由は、下がったときに「躊躇なく」買えるからです。

先ほど、「相場が大きく下がったときに、自分の意思で買えば口数が一気に増える」と簡単に言いました。

しかし実際は、非常に難しいことではあります。

110ページのリーマン・ショックの例でも触れましたが、相場が下落した状況では、投資マインドが冷え込みます。もっと下がるのではないか、今買ったら損をするのではないかという恐怖や迷いが生じます。このようなときに買える人はあまりいません。

しかし、自動積立なら、その迷いや恐怖心はなくなります。そこには自分の感情が入りません。

今、買うべきなのか……?

今買って大丈夫なのか……?

そんな不安や心配、恐れもなく、淡々と買うことができるのです。

その結果、たくさんの口数が買え、相場が上昇してきたときに大きなリターンを得ることができます。

相場が上がり出したら、持っている投資信託はみな同じ価格に上がっていくのですから、どこで差がつくのかと言ったら、安い価格で仕込むか高い価格で仕込むか、その差しかないのです。

とすれば、いかに安く仕込めるかがカギと言ってもいいでしょう。ですから、長期投資においては下がったときこそチャンスなのです。

持っている投資信託が下がった時期に、悲観的になるのではなく、「下がってうれしい。このスキに口数を増やそう」と思うくらいでちょうどいい。そのくらいの感覚を持って投資に臨むのが、長期投資家なのです。

とは言え、長い目で見れば、どのタイミングで買っても安い水準と言うこともできます。なぜなら、世界の経済は日々成長をしているからです。日本の高度経済成長のような急カーブを描きながら成長することはありませんが、この先も世界は着実に成長していくでしょう。

その流れに長期的に乗るのであれば、いつでも、今の価格でも安いという判断になるのです。ただ、ときには目立って相場が下がることもあります。それをチャンスととらえて、逃さない！　そんな気持ちでいることがとても重要です。

第4章

NISA（少額投資非課税制度）を活かす投資信託の選び方

テーマ型ではなく、分散投資型を選べ

長期投資が何となくわかり、いざ投資をしようとなったとき、多くの人が思うことは、「じゃ、どこに投資をすればいいの?」ということです。

みなさん、一番話題の国や地域、あるいは産業に投資をしようとします。ところが、これはとても危険な行為と言ってもいいでしょう。

たとえば、ここ1、2年、日本の投資信託はブラジル一色になりました。大手の銀行や証券会社でも「ブラジルはこれからすごいです」「ブラジルに投資をしましょう」と、一生懸命ブラジルの投資信託をお客様に勧めていたので、この本の読者のみなさんの中にも買おうとした人がいるかもしれません。

なぜブラジルがお勧めかと言うと、まずは資源がたくさんあるからです。さらに2014年にはサッカーワールドカップが開催され、2016年にはオリンピックも予定されています。それに向けてインフラ投資がされて、ブラジルの経済は大きく成長するというのが理由でした。

もちろん、ワールドカップもオリンピックも嘘ではありません。みんなが知っている事実です。納得できるし、大手の金融機関が勧めるのだから間違いないと思って、みんなブラジルの投資信託を買っていました。

もし、ワールドカップやオリンピックの開催が決まる前に、ブラジルは成長するとわかり、投資をしていたのであれば、誰よりも早く安く、株を買うことができたでしょう。そして、大きなリターンを得ることができたはずです。

でも、日本人がブラジルの投資信託を買ったタイミングは、みんなが有望だと思ったときだったのです。それでは、はっきり言って意味がありません。誰もが知っている情報をもとに投資をしても、マーケットにはすでに織り込まれているからです。

ブラジルのマーケットにはすでにたくさんのお金が集まり、加熱しているのだから、それ以上株価が上がっていく余地は少ないのは誰でもわかることでしょう。**多くの人がいいと思うところに、プラスαのリターンはないのです。**

これを聞いて冷静に考えると、納得してもらえるのですが、販売会社の話を聞くと、いかにも儲かりそうに思ってしまいます。それは販売会社が販売のプロだからです。

しかし、ここで言うことを素直に聞いて、ブラジルの株を対象とする投資信託を買うと、高値でつかまされることになってしまいます。ワールドカップやオリンピックによる景気は、すでに峠を越えているとすれば、株価が下がることがあっても当然のことです。

もちろん、長期的に見れば、ブラジルの成長が止まったわけではないので、ずっと投資をし続ければやがて株価は回復して、さらに上昇していくことも考えられます。

ただ、相場が下がったときに焦って売ってしまうと、投資は損をするもの、投資は怖いという気持ちしか残らず、その後、投資とは縁のない人生を送ることになりかねません。

このように、特定の地域や業種、目的に対して投資する投資信託を、テーマ型といいます。文字通り、何らかのテーマがあるからです。分散投資の観点からは外れますが、これも投資信託です。

テーマ型の場合、とても儲かるような気がするのですが、大事なことは、みんなが知っている情報をもとに買っても、その先のリターンは期待できないということです。

だから、時事的なテーマだけに集中投資をするのではなく、世界にも分散投資をする。ブラジルに投資をしてはいけないということではなく、他の国にも資金を分散させることが大事なのです。

これを国際分散と呼び、つまりは世界の成長に乗せた投資ができる投資信託を選ぶのが肝心で、話題のテーマだけから大きなリターンを得るのは難しいのです。

手数料が無料の投資信託もある

僕が投資信託の販売会社に対して、不思議だなと思うことの一つは、お客様が投資信託を買うとき、購入時手数料をいただくことです。

販売会社だから仕方がないと言われればそれまでですが、彼らに何をしてもらったのかを考えてほしいと思います。窓口で少し話をして、申し込みの手続きをちょっと手伝ってもらっただけでしょう。それだけの対価にしては、結構見過ごせない額だと僕は思うのです。

たとえば、販売手数料が３％の場合、１００万円で投資信託を買ったときには３万円もの手数料がとられることになります。もし３万円があったら、何に使いますか？

そう考えると、３万円は決して安くはないでしょう。よくそれだけの金額を軽々と払ってしまうものだと思うのです。

もし100万円を投資するとき、購入時手数料で3万円引かれると、97万円からスタートすることになります。

「100万円分買ったと思ったら、97万円だったのね」と思い、自分がスタートだと思い込んでいた100万円に戻そうとするはずです。

しかしながら、販売手数料はわずか3％程度かもしれませんが、投資の世界で3％はかなり大きな数字です。それを考えただけで、僕は何てもったいないことをしているのかと、本当に残念に思います。

さらに、販売手数料が存在することは、ある意味、投資信託の世界にマイナスのイメージを植えつけるものだと僕は考えています。

自分がもし販売する立場だったら、販売手数料を稼ごうとして、たくさん買ってもらおうとするはずです。100万円より1000万円で投資信託を買ってほしいですし、何回も買ってほしいと思います。だから、一度投資信託を買ったら、半年後くらいにまた電話がかかってくるのです。

「もっといい投資信託が出ましたよ。こちらに切り替えましょう」というように。

投資家は、たとえそのとき損をしていたとしても、「その損を取り返しましょう」という理屈で新しい投資信託を紹介され、その都度、購入時手数料３%がとられるという仕組みです。もちろん、その後も同じように新しい投資信託を紹介されて、また手数料をとられる。このくり返しです。

販売会社にとって、お客様が儲かるかどうかはどうでもいいことなのです。もしお客様の将来の財産づくりを考えているのであれば、半年経った後で電話をしてきて、新しい投資信託を紹介するはずがありません。

半年ごとにファンドの乗り換えを、たとえば10年間続けたとしたら、販売会社に支払う販売手数料だけで大きな額になってしまうわけで、購入時手数料をとるかとらないかは、金額うんぬんの問題だけではなく、販売会社の姿勢も如実にわかるということです。

販売会社を通さず、運用会社から直接購入すれば、販売手数料をとられる必然性はなくなります。信託報酬を上乗せする必要がなくなるので、余分なコストを少なくできることは間違いないでしょう。

分配金は複利のジャマをする

ここ数年、毎月分配型の投資信託が人気を博しています。しかし分配をしてしまうと複利を利用することができないことは、これまで何度も述べてきました。

本書を読み進めてきた読者のみなさんはもうおわかりだと思いますが、**複利を生かすため、分配の回数は極力少ないものが、買ってもよい投資信託です。**

そもそも、なぜ毎月分配型の投資信託が人気なのかと言うと、これは人間の本能に関係してきます。人は、遠くの大きな利益よりも、目先の小さな利益に魅力を感じてしまうからです。いくら、将来、100万円、200万円になると思っていても、今日、明日の100円、200円を選んでしまう。それが人間なのです。

それに分配金が出るとなると、分配利回りの高さだけで投資信託を選んでしまうこともあります。確かに金利が1％よりは5％の方がいいに決まっています。しかし、その投資信託自体のリスクはどうなのでしょうか？　金利だけに目が行って、投資信託は元本が保証されていない金融商品だということを、忘れてはいないでしょうか？

分配利回りが高いということは、その分、リスクが大きいということです。分配金では賄えないくらいの変動があるということを、しっかり認識しておく必要があります。

思ったほどの運用成果が上がらず、分配金が運用収益だけでは足りなくなると、不足分については元本を取り崩して分配されます。運用成績が上がっていなくても分配金は払われ続けるので、解約時に元本が減っていることに気づいて愕然《がくぜん》とするといった例は、枚挙にいとまがありません。

毎月の分配金は、投資信託の純資産から支払われているのです。つまり自分のお金の中から毎月引き出しているに過ぎず、これではお金を大きく育てることができるはずがありません。分配金を出すたびに元本は実質的にやせ細り、複利の効果も得られません。

分配金はあくまでもファンドの純資産から支払われているので、確実に、**払い出された分だけ基準価額格は下がる**ということです。

はっきりと目に見えるように分配金の分が減っていると表示されていないので、投資信託に精通している人以外、このような仕組みになっているとは、わからないのではないでしょうか。

そうなると、分配をしない投資信託が好ましいという結論になります。しかし、実は無分配の投資信託はありません。少なくとも1年に1回は分配をしています。ただ、分配金をお客様に渡すか渡さないかの違いなのです。これは法律上の問題になるのですが、ただ分配金を再投資するかどうかはその投資信託の意思によります。したがって、お客様が決められることではありません（自分の持ち分だけなら決められる、という投資信託はあります）。

セゾン投信の場合は、分配はしているのですが、それをお客様に渡すことなく再投資をしています。投資信託を設定してから6年間ずっとです。そのため、6年間複利を使った運用が可能となって、次第に働かせるお金が増えてきました。

分配金が出ると、うれしいのは理解できます。でも、ここで我慢をすれば、将来の見返りは、驚くほど大きいものとなっているのです。

ただ、何年も分配金をお客様に渡さないと、国税庁からの指摘を受ける可能性が出てきます。分配金も課税の対象になるために、いかにして税金をとるのかを考えている側にしてみれば、分配金をお客様に渡さないような投資信託は気に入らないものだと思います。

しかし、やはり長期的にお金を増やすのであれば、僕は分配金を渡すべきではないと思っています。この考えは、今も、そしてこれからもずっと変わらないでしょう。

信託期限は無期限のほうがいい

実は、ほとんどの人が気に留めないことではあるのですが、案外重要なポイントが、「**信託期限が無期限**である」ということです。

たいていの投資信託には、信託期限が設けられています。期限が5年なのか10年なのかは投資信託によって異なりますが、期限がある以上、そこで運用はストップしてしまいます。いくら投資を続けたいと思っていても、否応なしに市場で売られ、投資家が持っていた口数に応じてお金（償還金）が支払われます。

しかし、長期投資をする以上、5年、10年で投資信託がなくなってしまったら話になりません。そもそも5年で終わるようでは長期投資に適しているとは言えませんし、特に**これから複利が効いてくるという10年**で期限が切れてしまったら、本当にがっかりしてしまいます。しかしながら、実際にはかなり多くの投資信託に期限が設けられているので、確認しておく必要があります。

ただ、無期限だからと言って、永遠に保有し続けなければならないわけではありません。

ここを勘違いしてしまう投資家の方もいます。**一般的な投資信託はいつでも解約することができます**。

また、一度買った投資信託は、もう買えないと思っている方もいますが、そんなことはありません。いつでも**追加で買うことができる**ので、その人のペースに合わせて投資を続けていくといいでしょう。

そもそも、なぜ期限を設けるのかというと、5年後、10年後には人気がなくなって売れないし、解約されて純資産もほとんどない投資信託になっているかもしれないと、販売側が思っているからです。

もし、ずっと資金が流入して、今よりも5年後、5年後よりも10年後のほうが純資産額が大きくなっていると思うのであれば、期限を設けるはずがありません。その先ももっと大きくなっていき、信託報酬の額も増えていくのだから、誰でも無期限に設定するでしょう。

それをしないで**期限を決めてしまうということは、5年後にはきれいに償還して終わりにしたい、つまりその先の将来がない投資信託**という証拠です。

言い方を変えれば、期限を設けないと、いつまでも運用を続けなければならず、これでは運用会社も販売会社もビジネス上都合が悪いということです。だったら、期限を設けることで、「ここで終わりと決まっています」と言って気持ちよく終わりにしたい。そういうもくろみがあるわけです。

そのような投資信託を選んでしまっては、長期的な世界経済の成長に乗った財産づくりはできないのは言うまでもありません。見落としがちなポイントだからこそ、しっかり見てほしい部分なのです。

純資産10億円以上か？　資金流入はあるか？

買ってもよい投資信託の条件としては、「純資産が最低でも10億円あること」もその一つです。10億円を切ってくると、運用を続けてもコストばかりかかって、赤字になってしまうし、販売会社も売りたくないから邪魔だ、と思ってしまうのです。

それに、本当に資産が縮小してくると、投資家が数人になることもあります。残高が1億円を切っている投資信託も山ほどあり、こうなってくると悲惨です。運用だけではなく決算をしたり、報告書をつくったりなど、実にいろいろなコストが純資産の総額にかかわらず、投資信託財産から引かれてしまうのです。

このような投資信託を選ばないようにするために、純資産が10億円あるかを目安にしてほしいと思います。**10億円は最低のライン、もっと厳しくするなら30億円**でしょう。

10億円を切ってしまうと、信託期限が無期限であっても、途中で償還されてしまう可能性もあります。これは償還条項がついていて、たとえば、純資産が10億円を下回ったら償還できるといった内容のことが、説明時に渡される目論《もくろみ》見書に書かれていることもあるからです。

また、書かれていなくても、金融庁の公告をして、反対者が過半数に至らなければ償還してしまうケースもあります。この場合、そもそも公告を見る人が圧倒的に少ないので、償還されるのはほぼ確実になります。

中途償還するのは、資金流入がなく、これからも流入が増える見込みがない小さな投資信託です。

ただ、いくら小さくても毎月資金が流入していれば、それは償還されるものではありません。**資金の流入があるということは、多くの人に支持されている証拠**です。増えているときには償還しようと思わないでしょう。

ここで気をつけることは、純資産が毎月増えていることと、資金流入が続いているのは違うということです。

純資産は、基準価額×口数で求めることができます。ということは、いくら資金が入って口数が増えても、基準価額そのものが下がってしまったら、純資産は増えないのです。基準価額は相場の動きで決まります。だから、純資産高と資金流入は切り離して見るものなのです。

資金流入があるかどうかといった事実を調べるには、客観的データをまとめているイボットソン・アソシエイツ・ジャパン株式会社の「投信まとなび」（http://www.matonavi.jp/）を利用するといいでしょう。

長期投資においては、資金が入り続けていることはとても大事なポイントになります。毎月ちゃんと資金が入ってくるので、運用者はいつでも株や債券を買うことができるからです。特に暴落したときにこそ買うことができれば、その分運用成績はよくなります。

一方で、**下がったときに解約がたくさん出る投資信託は最悪**です。運用者としては、いくら下がったところで買いたいと思っていても、解約資金を手当てするために逆に安値で売らざるをえないのです。そうすると、運用成績も悪くなってしまうのは言うまでもありません。このような投資信託を買ってしまうと、自分が望むような成績を出すことはできず、最終的には投資信託と心中することになります。お金が流出し始めたら、沈む前に自分も早く売ってしまった方がいいでしょう。

投資信託を選ぶときには、名前で判断してはいけません。いくら知名度が高い会社が販売や運用をしていたとしても、運用成績と名前はリンクしないからです。大切なのは、どういう人がどういう考えを持って運用し、販売しているのか。どのような人が自分と一緒に財産づくりをしているのかということなのです。

NISAで初心者も投資にチャレンジ

2013年に入って、「ISA《アイサ》」という言葉が投資の世界でよく聞かれるようになりました。

本来のＩＳＡは、１９９９年、イギリスで少額投資を優遇する非課税制度として始まった個人貯蓄口座（Individual Savings Account）のことです。それを参考にして、今回日本で導入されるのは「日本版ＩＳＡ」あるいは公募で決まった愛称「ＮＩＳＡ《ニーサ》」と呼ばれています。本書でも日本版ＩＳＡのことは、ＮＩＳＡで統一することにしましょう。

ＮＩＳＡは、２０１４年１月から２０２３年までの10年間行われる、個人投資家向けの税制優遇制度です。「少額投資非課税制度」と呼ばれ、この10年間、毎年新たに投資に対する非課税枠が与えられます。

具体的にはＮＩＳＡ口座を開設し、そこで購入した株式や投資信託の年間累積購入代金が１００万円までなら、その配当や分配金、譲渡益は、投資を始めた年を含めた５年間、非課税になります。正確には5年目の12月末日までの期間です。ＮＩＳＡ口座を開設できるのは２０２３年までの10年間で、総額５００万円までの投資が対象となります。

投資において税金は否応なしにとられるもので、加えて２０１３年までは譲渡益に10・１４７％、２０１４年からは20・３１５％という高い税率がかかるので、これがゼロになるのは非常にうれしいことには違いありません。

たとえば１００万円で買った投資信託を、運よく１２０万円で売ることができたなら、売買差益は20万円です。２０１４年以降はその20・３１５％、４万６３０円が税金で引かれるので、値上がり益で受け取れるのは16万円に達しませんが、ＮＩＳＡ口座で購入した投資信託なら満額20万円が入手できるのです。４万円の差は大きいですよね。

消費税でさえ20％にはならないので、投資の利益にかかる20％強の税金が、いかに高いかはわかってもらえるのではないでしょうか。

今回、ＮＩＳＡを導入した目的は、長期の分散投資によって個人の資産形成を促すことです。税金がかからないのだから、しっかり投資をして資産をつくってくださいというのが金融庁の考えでしょう。

２０１２年12月の段階では、非課税になるのは3年間で総額３００万円というものでした。でも、これでは将来に向けた財産形成は到底できません。たった3年、たった３００万円、そう言わざるをえないからです。

実際、金融庁の森信親担当官は恒久化を訴えていくと語っていることからも、財産形成をするにしては期間が短いことがわかります。

また、金融機関にとっては、ＮＩＳＡに対応するためにはかなりのシステム開発コストがかかるので、取り扱わない事業者もいる可能性もあります。それを防ぐためにも、株や株式投資信託だけではなく、公社債や公社債投信も対象とする方向性が示されています。

イギリスのＩＳＡは、専門家からも高い評価を受け成功したと言われています。その理由としては、ＩＳＡのおかげで富裕層だけではなく一般の人にも投資の意識が高まったこと、そして実際に投資を行うようになったことが挙げられます。

一般の人にも意識された理由の一つは、非課税枠に上限があったことです。イギリスの場合、年間で１万１２８０ポンド（日本円で約１７０万円）が上限になっていますが、上限金額が身近だったので一般の生活者に響いたのです。

「これは富裕層だけができることではない」

と強く認識したこともあって、若者や低所得者が「自分もできる」という感覚を持ち、ＩＳＡは実際に利用されるようになったのです。

利用者の目的はさまざまです。年金、住宅の購入費、子供の教育費、そして万が一の緊急事態の備えなど、ＩＳＡは多様な目的に応じています。

イギリスの事例を踏まえると、ＮＩＳＡの利用目的も多様化するでしょう。今のところ期限が設けられているので、たとえば5年後に子供が大学に入学するから、そのための資金をＮＩＳＡでつくっておこうと考える方もいそうです。あるいは、将来の成長に期待ができる個別株を100万円以内で買って、5年間持ち続けるのもいいかもしれません。

そして何より、NISAをきっかけに投資を始め、自分にもできると普通の生活者が思えるようになったら、これからの日本は本当に変わっていくでしょう。

今のところ、非課税枠や期間が決められていますが、これを契機に、たとえ10年が過ぎた後もずっと投資を続けるような社会になってくれたらと、僕は期待しています。

気をつけたいNISAのポイント

NISAについては、すでに情報は公開されていますが、案外複雑な仕組みなので、ちゃんと理解するまでには少し時間がかかるかもしれません。ここで要点をまとめてみます。

●専用の口座が必要

この制度を利用するには、NISA専用の口座を開設する必要があります。スタートの2014年1月に口座を開設できるのは、2014年1月1日の時点で20歳以上の日本居

ＮＩＳＡ口座の利用イメージ

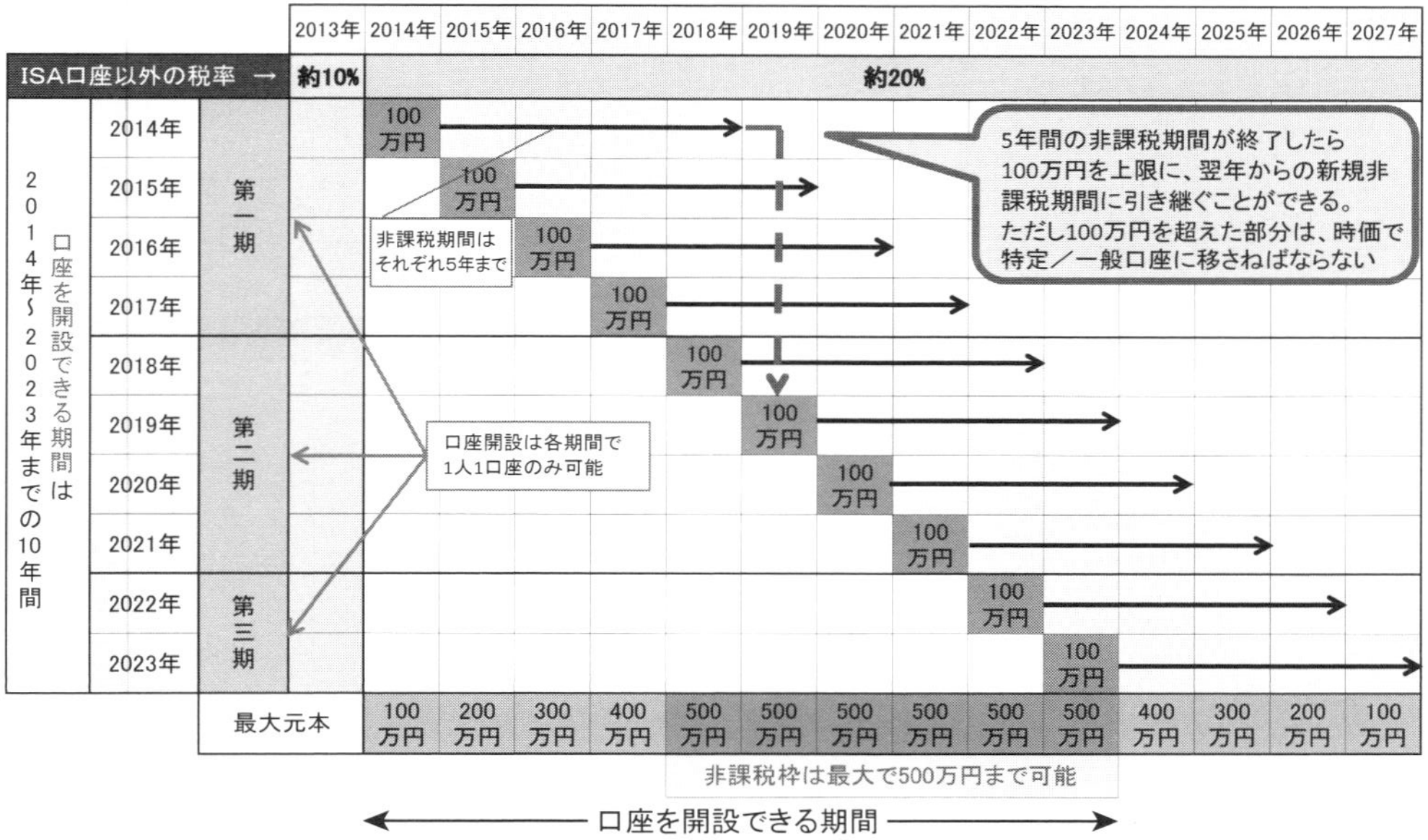
2013年 2014年 2015年 2016年 2017年 2018年 2019年 2020年 2021年 2022年 2023年 2024年 2025年 2026年 2027年
ISA口座以外の税率 →
約10%
約20%
2014年～2023年までの10年間
口座を開設できる期間は
2014年
2015年
2016年
2017年
2018年
2019年
2020年
2021年
2022年
2023年
第一期
第二期
第三期
100万円
非課税期間はそれぞれ5年まで
口座開設は各期間で1人1口座のみ可能
5年間の非課税期間が終了したら100万円を上限に、翌年からの新規非課税期間に引き継ぐことができる。
ただし100万円を超えた部分は、時価で特定／一般口座に移さねばならない
最大元本
100万円 200万円 300万円 400万円 500万円 500万円 500万円 500万円 500万円 500万円 400万円 300万円 200万円 100万円
非課税枠は最大で500万円まで可能
口座を開設できる期間

住者です。

ＮＩＳＡは三つのステージに分かれています。２０１４年から２０１７年が第一期、２０１８年から２０２１年が第二期、２０２２年から２０２３年が第三期です。各期において、専用口座は一人１口座しか開くことができません。ある金融機関で一度口座を作ったなら、利息がいいからとか、好みの投資信託を販売しているからといって別の金融機関に乗り換えることはできず、次の期が来るまで待つことになります。

●一度使った枠は再利用できない

たとえば80万円で投資信託を買い、売却したとします。その投資信託はなくなったわけですから、80万円分の枠が空いて、また使えるのでは？　と期待してしまいます。

しかし、残念ながらこの枠は使えません。使えるのは1度きり、残りの枠は相変わらず20万円です。

空いた枠の再利用ができないことを考えると、**ＮＩＳＡを最も有効活用できるのは投資信託**という結論にいたります。その理由は、投資信託は株式よりも圧倒的に売買の回数が少ないからです。枠の再利用ができない以上、売買をくり返す株式投資は不利です。非課税枠があっという間になくなって、その後は20％強の税金がかかりますが、売買回数が少ない投資信託であれば、枠を使い切らないことも多いでしょう。１００万円の枠を超えずに投資ができるので、非課税の恩恵を受けることができます。

ただ、ＮＩＳＡ口座で運用ができるのは5年間なので、買ってから5年経つときには、いったん売ってしまう人が増える可能性があります。せっかく儲かった分が非課税なのだから、みすみす税金で20％強もとられるのは嫌だと誰もが思うからです。そうなると、一時的に投資信託の相場は下がるかもしれません。けれども、そのタイミングで上昇トレンドが維持されているようであれば、再び買われていくと予想できます。

これは株式の配当や、株主優待の権利取りに似ています。

株主が配当や優待を受けるためには、決算月の最終営業日の３日前までに株を持っている必要があります。しかし、株主の権利が確定したら即、株を手放してもいいのです。高配当の銘柄や人気の株主優待を出す企業の株は、権利確定日の翌日に売られる傾向があります。しかし、企業業績が悪いわけではないので、価値を見究められる投資家には買われるという流れです。

●他の口座との損益通算はできない

一般口座や特定口座で取引をするメリットの一つは、損益通算ができることです。もし、A社の株式で10万円の利益が出たら、そのままでは10％強の税金がとられますが（2014年からは20％強）、B社の株式で10万円の損失が出たら、損益通算をすることでプラスマイナス・ゼロになり、税金を払う必要はなくなります。

損益通算をしてプラスが出れば税金を払いますが、損失が出た取引があれば、確定申告をすることで納税額は減ります。しかも、マイナスのほうが大きい場合には、損益通算ができる範囲が株式だけではなく配当にまで広がりますし、それでもマイナスが出るようであれば、それから3年間、利益や配当で損益通算ができるのです。

しかしNISAの場合には、損益通算ができません。別口座のA社の株で10万円儲かりNISA口座の株で10万円損をしたとしても、儲けの10万円にはそっくり課税されてしまうのです。NISA口座は一般口座や特定口座とはまったく別種のものとして、管理する必要があります。

●5年経ったら新しい非課税枠に移せる

ＮＩＳＡ口座での運用は5年間なので、5年が過ぎるときには何らかの対処が必要になります。

一つは株や投資信託を、ＮＩＳＡ口座から一般口座や特定口座に移すというやり方です。ただし、ＮＩＳＡ口座で買った当初の買値より価格が安くなっていた場合は問題です。

たとえば、ＮＩＳＡ口座で買ったときは１００万円で、5年後80万円になったとしましょう。そうすると、口座を移したときには買値が80万円になってしまうのです。80万円で売っても利益は出ませんから、当然、非課税のメリットはありません。

またこのとき、安く仕入れられたと喜んでいる場合でもありません。移した口座がＮＩＳＡ口座ではない以上、値上がりをして利益を得たら課税されてしまいます。しかもそのときの税率は現在の10％強ではなく、倍に跳ね上がっているのです。

買値が80万円になった投資信託が、もとの投資額の１００万円に戻ったから売っただけなのに4万円も税金がとられるのです。そう考えると、何とも不可思議なシステムとしか言いようがありません。

別の対処法として、ＮＩＳＡ口座から一般口座や特定口座に移さずに、翌年の１００万円分の非課税枠に持ち越すということができます。

たとえば、２０１４年に１００万円の枠で投資信託を買ったら、２０１８年12月末を過ぎないように売れば非課税になります。売らずに持っているのであれば、新たに２０１９年度の枠に引き継ぐことが可能というわけです。ただ、もし１００万円が２００万円に増えていたら、非課税枠の上限は１００万円ですので、２００万円のうちの１００万円しか引き継ぐことができません。

と言うことは、２０１４年にＮＩＳＡ口座で投資をして２０１８年の時点で増えていたら、放置しているとそこから１００万円を差し引いた分に課税されてしまうため、２０１９年になる前に一度売ってしまおうという考えになります。それ以降に換金すると、税率は20％強です。それを踏まえると、多くの人が売りに走るのではないかと予想されます。

●これまで買った金融商品はＮＩＳＡ口座に移管できない

ＮＩＳＡ口座では、新たにに買った投資信託などしか受け入れることができません。したがって、これまで他の口座で投資をしている人が非課税メリットを受けるには、一度売却をして、あらためてＮＩＳＡ口座から投資をすることになるでしょう。

ただし、積立投資の人は、積立の口座をＮＩＳＡ口座に変更するだけなので、これまで積立運用してきたものと分けておけば、売却する必要はありません。すでに買った金融商品とＮＩＳＡ口座にある商品は、別々に管理されます。

年間１００万円まで非課税枠ということは、毎月の投資額は８万円程度までが、非課税の対象となります。ＮＩＳＡ口座のメリットを活かすのであれば、１年間をかけて１００万円ギリギリまで投資をするのがいいのではないかと思います。

●分配金の再投資も、１００万円の枠の中に入る

分配金は非課税になります。しかしそれをＮＩＳＡ口座の中で再投資すると、１００万円の枠の中に入ってきます。特に毎月分配されるような場合には、知らないうちに１００万の枠がいっぱいになっているかもしれません。それを踏まえると、非課税枠を食わない無分配型の投資信託が適していると考えることもできます。

●非課税枠は最大で500万円

149ページの図のとおり、毎年NISA口座で100万円ずつ投資をしていくと、非課税枠が最大500万円ですから、投資できる元本は最大で500万円になります。

500万円ということは、富裕層だけが得をするようなことではないので、その点は評価できますが、本気で長期に財産をつくろうとしている人にとっては、いささか中途半端な額と言えます。

しかし、せっかく準備されている非課税枠ですから活用したほうがよいとして、投資未経験者や若者世代がこの制度利用をきっかけに投資を始めてくれたら、大変意義のある制度になると考えています。

ここがNISAの弱点

NISAは投資の経験者にも、未経験者にも、長期投資を促す制度だと言われています。

しかし僕には、そもそも「長期」の定義が間違っていると思えてなりません。

まずは非課税期間が5年というように、**期限を設けること自体、滑稽な話**です。期限を設けて、その後一般口座に移したときに税金20％強を徴収されるのであれば、期限が切れる前にみんな投資を止めてしまいます。

5年後に期限が到来し、仮にそれを引き継いだとしても、結局10年後には最終期限となり、非課税とするためには期限内に売却せざるをえないわけです。

非課税期間5年から察するに、この制度を導入することを決めた人は、長期投資の「長期」は、5年もしくはせいぜい10年であると考えているのでしょうか。

10年後は、長期投資における複利が効き出し、さあこれからが運用の本番というところなのですから、そこで終わりにしてしまっては、将来の財産づくりのことはまったく念頭にないと思えてしまうのです。

長期投資をしよう！　という掛け声はいいのですが、中身が十分に備わっていないのが、これからスタートするＮＩＳＡです。

これは非常に残念ですし、もったいないことです。中身を備えるためには、まずは5年という枠を取り外して、恒久化することが最も重要な条件です。しかし、これはスタートしてからでも不可能なことではありません。

ＮＩＳＡのモデルがイギリスのＩＳＡということは前述したとおりです。イギリスは国民の４割がＩＳＡ口座を持っている金融立国で、投資をして将来の財産づくりをしやすい環境が整っています。

ただ、イギリスのＩＳＡも、スタート時には10年という期限がありました。導入時期にはやはり税金の問題があったのでしょう。ずっと非課税にすることは、なかなか難しいという判断だったのだと思います。

しかし、ＩＳＡが始まったら、みんなが10年という期限があるのはおかしいと言い出したのです。長期投資をうたっているにも関わらず、期限を設けるのは矛盾している。その声が大きくなって、今では恒久的なものとなり、国民の４割に普及するまでになり、現在の制度が普及したのです。

また非課税の枠に関しても、日本において１００万円という金額はあまりにも少ないと思います。日本の生活者が保有する個人金融資産は１５００兆円、日本の経済規模の３倍にも匹敵するもので、とりわけその半分以上を抱え込んでいる高齢者や富裕層の人たちにとっては、「たった１００万円だったら、面倒だからやらない方がいい」と思える仕組みかもしれません。こういった人々のお金を動かすためには、上限をもう少し高くする必要があります。

多くの人が「これはおかしい」という疑問を持ち、声を上げていけば、制度が変わる可能性は十分にあります。むしろ、国民の声が制度を変えるといってもいいでしょう。そうなったときには、NISAは将来の財産形成において非常に重要な役割を果たす布石になるでしょう。

NISA向け投資信託の注意点

今のところNISAには5年という枠があるので、これを前提としたいろいろな投資信託が登場してくるのは間違いありません。

たとえば、5年後には償還され、否応なく投資が終わってしまう単位型の投資信託です。おそらく、5年でガツンと稼いで非課税枠を上手に利用しましょう、という話になるとは思います。そういった投資信託の場合、中身は流行《はやり》ものになることも考えられます。

第4章で、テーマ型の投信の本質について触れたことを思い出してください。周知の情報をもとにして、相場が上がっていくと考えるのはとても危険です。

いたるところで「これが伸びる」と聞くようになったら、もはや手遅れなのです。直近まで上昇していた相場をチャートなどで示されると、さらに上がっていくと思い、つい買ってしまいますが、そんな状況ではその後の相場の上昇は見込めません。**テーマ型の投信はＮＩＳＡでも避けておくべき**です。

また、ＮＩＳＡでは分配金も非課税になるので、今以上に高配当の、毎月分配型の投資信託が出てくるかもしれません。ただ、高配当の裏には高いリスクが潜んでいます。利益が出ずに、普通分配金だけでは予定の分配額に達しない場合、元本払戻金（特別分配金）といって投資元本が取り崩されて差額を埋めるのですが、それはもともと自分のお金ですから最初から非課税なのです。

もちろん、普通分配金のほうは非課税対象ですから、毎月分配型の投資信託も一理あります。しかし、もし配当を銀行に預けるようであれば、この制度の社会的目的からは無意味なお金の循環になってしまいます。

販売会社は手数料稼ぎのために、わざわざＮＩＳＡ専用と称する投資信託を勧めてくる可能性も十分考えられます。しかし一度投資をしたら、その年は簡単には商品の入れ替えはできません。もし入れ替えるとなると売却をすることになり、100万円の枠が減ってしまうのです。と言うことは、上限100万円では、相場の状況に合わせて資産の内容を見直しにくくなるという欠点も持っているわけです。

ふさわしいのは国際分散型

実際にNISAで投資を始めようとなったとき、どのような投資信託がいいのか？

これは、みんなが思うことでしょう。

長期投資すなわち、一般生活者がゆっくりと時間をかけてお金を増やしていくことを前提に考えると、これから成長をしていく**世界経済全体に分散投資をする投資信託**が、最も適しているのではないでしょうか。

事実、金融庁が推奨しているのも、グローバルに投資をする**バランス型の投資信託**です。

バランス型投信とは、株だけとか債権だけなど一つの資産に偏るのではなく、一つの銘柄で株とリート、国内と海外などのように、複数の資産や市場にバランスよく投資をする投資信託です。

金融庁が勧める理由の一つは、長期的に見れば、バランス型の投資信託のリターンが最も安定しているからです。

左ページのグラフを見てください。1993年から2011年までのリターンの年平均は、Aの定期預金の場合、0・1％でずっと同じです。国内の株と債券に半分ずつ投資したBはマイナス0・4％ですが、国内・先進国・新興国の株と債券に6分の1ずつ投資をしたCは2・9％と、この中での最高値を示しました。国内・先進国の株と債券の4分の1ずつ投資したDは0・8％になります。この結果からも、投資先を世界に分散しておくと非常に有利になることがわかります。

さらに、プロがリバランスをしてくれるという意味でも、バランス型の投資信託は有効です。

リバランスとは、ポートフォリオを定期的に見直して、運用でずれた資産配分の比率を、最初に決めた比率に戻すことです。

グローバルに分散投資をするとき、自分でポートフォリオを組んで運用する人もいます。普通の人には、あまり現実的ではないのですが、不可能な話でもありません。

分散投資の累積リターン比較

1993年～2011年、毎年同額を投資した場合の各年度末時点での累積リターン

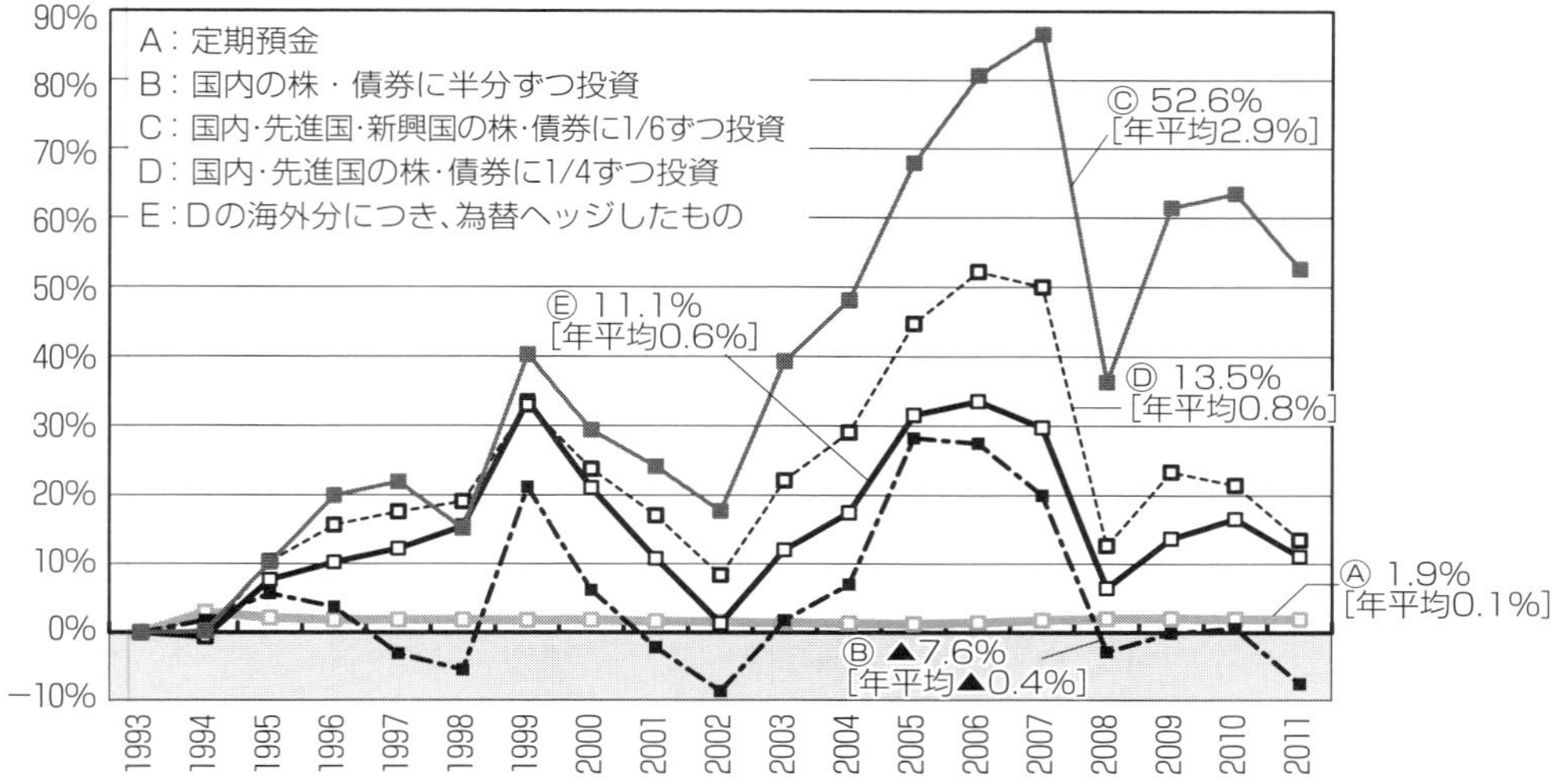

出典：金融庁金融研究センター　第１回金融経済教育研究会

確かにこの場合、株式や投資信託、あるいは債券を組み合わせて非常に細かい部分まで決めるので、ローリスクでも一定のリターンを上げる運用は可能になります。でも、それだけちゃんとさせる分、リバランスが必要になるのです。

通常リバランスは、値上がりした資産を売却して、その資金で値下がりした資産を買い戻すといった作業になります。ＮＩＳＡの枠内では、売却した部分は非課税枠の再利用ができないので、リバランスを自分で行うのは合理的ではありません。

したがって、この制度に最適な投資信託の分散投資をするなら、一つの投資信託内で随時リバランス、つまり、資産配分のコントロールもしてくれる、少し専門的に言えばアセットアロケーションしてくれるタイプがふさわしいと言えるでしょう。

それに、そもそも投資の経験が浅い人が、自分でポートフォリオを組み、リバランスまでするのは大変です。

それなら、プロに任せられる投資信託が一番便利でしょう。その中でも、国際分散投資をしている投資信託であれば、世界の成長に乗ることができ、非常に有利と判断することができます。

第5章

資金がなくても大丈夫！
年収500万円の財産づくり

年間100万円を積立投資にまわす

ここまでお読みになった人であれば、財産をつくるなら、預金ではなく投資であると、お感じになっていると思います。

それでも、自分には資金がないから投資は無理と思っている人も多いようです。

投資のイメージが「お金持ち」「富裕層」「多額の資金が必要」という人にとっては、けっこう高いハードルでしょう。

しかし、**積立を利用することで、まとまったお金がなくても投資をスタートさせることができます。**

極端な話、**貯金がゼロでも、今すぐに始められるのが積立投資**なのです。

僕はセミナーで全国各地をまわっているので、実に多くの個人投資家の方に出会います。

その中には年収が300万円でも、将来のことを考えて毎月積立投資をしている人がたくさんいます。その額はさまざまですが、300万円の中からちゃんと投資資金を出している姿に、僕はその方たちの真剣さを感じます。

そう考えると、年収500万円の人が投資を始められないわけがありません。年収300万円よりも200万円も多いのだから、もはやお金がないという言い訳はできないのではないでしょうか。

年収が500万円もある人には、**年間100万円を投資にまわす**ことをお勧めします。日本のサラリーマンの平均年収が409万円です、それと同じ水準で生活をすればいいと考えれば、十分可能でしょう。

もちろん、これまで年収500万円レベルで生活をしていた人が400万円レベルになると、最初はつらいかもしれません。でも、本当に自分の将来のことを考え、お金に真剣に向き合えば、今、投資する100万円が、どれだけの意義を持っているのか理解できるはずです。

年間100万円は、月で割ると、ひと月8万3000円です。いきなり毎月8万円強を投資にまわそうとすると、無理が出てきてしまいます。日々の生活がキツキツになってしまっては、楽しい未来を描くことはできませんし、何よりも人生がくすんでしまいます。

それを防ぐために、毎月積み立てる額を3万円にして、あとはボーナスを利用するのはどうでしょう。

たとえば給料が30万円で給料の2カ月分のボーナスが毎年2回出る人であれば、毎月3万円で36万円を積立投資にまわし、残りの64万円はボーナスを活用するのです。1回のボーナスは60万円で、年間では120万円。その半分を投資にあてれば、年間での投資額が100万円になります。

ボーナスの半分を投資にまわすことに抵抗がある人は、それならボーナスを何に使っているのかを、振り返ってください。

ボーナスは大半を貯金するという人が8割程度、というアンケート結果があります。消費に使うという考えが強くないのは確かでしょう。最初から物を買うことが前提にないのだから、後は銀行に預けるか、投資にまわすしかありません。

しかし、これまで書いてきたように、**銀行に預けっぱなしはいけません**。この先銀行に預けていても、円の価値は下がっていくだけですし、せっかくのお金が国に吸い上げられて終わりです。やはり、投資にまわして価値を上げていくのが賢明な方法です。

ボーナスが出ない年収500万円の人は、月収が40万円以上になる計算です。その中から月8万円程度を投資にまわしていくのです。

8万円という金額は、一見非常に高く無理があるように思われがちです。しかしボーナスが出ない人は、自覚して貯金をするなど何らかの対策は行っているはずです。その分を投資にまわすだけの話です。月8万円が積み立てられるように、努力すればいいのです。それが十分可能なのが、年収500万円なのです。

今の3万円が30倍に増える!?

ボーナスのことはさて置いて、毎月3万円ずつ投資するとしましょう。そうすると、貯金でも同じですが、3年程度で100万円には達します。

しかし、ここで考えてほしいのは、投資信託の複利を使えば、今月の「3万円そのもの」が将来の100万円になる可能性も十分秘めているということです。

あなたが2013年5月に投資をした3万円は、20年後の2033年には、普通預金なら3万＋その間の利子に過ぎません。しかし、投資信託を買っておけば約30倍の100万円になっている。そんなイメージを持ってください。

もちろん、このイメージは、2013年5月の3万円だけのことではありません。

2013年6月の3万円にも、そして7月、8月の3万円にもその可能性があるのだから、全体で見ると想像を超えた財産になるかもしれません。

　こんなことを書くと、「それは嘘だ」「そんなうまい話はない」と言われそうですが、実際にアメリカではそうなったのです。1936年から2013年まで77年という時間はかかりましたが、100万円は1億1000万円を超えました。また1963年からの50年間でも、100万円は年換算6・48%の約2200万円になっています。

　もちろんこの背景には、アメリカの毎年3〜4%の経済成長という大切な要因がありますが、時間を味方にすれば、今の月3万円が将来の100万円になることは、それほど難しくありません。

　そう考えると、3万円を投資にまわして、時間をかけて育てていくことに抵抗はなくなるでしょう。むしろ、時間さえあれば、お金は大きく育つという感覚が持てるのではないでしょうか。

　76〜77ページに掲げたS&P500のグラフにも見られるように、長い時間の中では、当然浮き沈みがあります。投資なのでリスクはつきもの。アメリカ経済も、金融ショックや大きな事件があったときには相場は下がっているので、投資家にとってはつらい時期だったかもしれません。しかし、そこで挫《くじ》けずに長期的に投資を続けていれば、右肩上がりの流れに乗ることができたという事実を、アメリカのチャートは物語っているのです。

そのときのお金は、決して無理のある金額ではありません。年収５００万円の人にとって年間１００万円は、少し背伸びすれば厳しい額ではないはずです。将来のお金のことを見すえたら、むしろ安いと思ってもいいかもしれません。

毎月3万円を天引きする

もともと余裕資金がたくさんあれば何の問題もありません。ただ、これから本腰を入れるという人にとっては、毎月３万円はちょっとハードルが高い場合もあります。

実際、僕も長期投資の話をすると、「お金がなくて……」という声をたくさん聞きます。

そんなとき、僕が伝えるのは「給料から一番最初に差し引いてください」ということです。給料が30万円だったら、最初から27万円だと思って生活をしていけばいいのです。

これができないと言うのであれば、だったら家賃や光熱費、電話代はちゃんと支払っていないんですか？　という話になります。多くの人は、給料をもらったら、まずは生活のインフラともいえるそれらのお金を差し引いて、生活しようとします。その中に、なぜ投資のお金を入れないのか……。

「この3万円は投資のお金。今後の財産になるタネ銭」と思って自分で天引きにするのは、驚くほど難しいことではありません。

むしろ、将来のお金のことを真剣に考えるのであれば、家賃や電話代よりも先に差し引いてもいいくらいだと思います。投資のお金をお小遣いよりも後に考えて、結局お金がありませんというのは、本気で考えていないということです。

投資は、余裕資金があるから行うものではありません。余裕資金がないからこそ、現実から未来を考えて不安を感じるからこそ始めることなのです。

今、お金がないという不安は、将来もっと大きくなってきます。

20代の人が感じる将来の不安と、40代の人が感じるそれは、まったく別物でしょう。ともかく残された時間の量が違います。20代の人には時間がたっぷりありますが、年をとればとるほど、収入がなくなるまでの時間が減ってきます。まるで時限爆弾のように、刻一刻と時間が少なくなることが不安を助長させ、最終的には恐怖に変わってきてしまうのです。

そうならないためにも、今の３万円は今後一番大切なお金になると認識して、しっかり投資にまわしていくべきなのです。

ただし、３万円を**最初に差し引くのではなく、節約で生み出そうとするのは考えものだ**と僕は思っています。

日々の無駄を削っていくのはいいのですが、それがエスカレートしてしまうととんでもないことになります。ちょっと電気をつけっぱなしにしただけで自己嫌悪に陥ったり、卵が10円安いからといって遠くまで買い物に行ったり。自分には無駄に見える物を買うパートナーにガミガミ言うこともあるでしょう。

家族全員、節約が大好きであればいいのですが、多くの家庭では節約の鬼のような人がいると家庭内の不和をもたらしてしまうし、日々の生活が疲れてしまいます。これでは本末転倒です。

それに節約を考えるのは、実は時間がかかり、知恵も要ります。それなら、その時間と労力を自分のスキルアップに使い、収入を今より３万円増やす方がよほど賢明です。収入に反映されるだけではなく、自分がスキルアップすることは決して無駄にはなりませんし、必ず将来につながってきます。今は、収入を3万円増やすことが目的だとしても、おそらくそれ以上のリターンが得られるのではないでしょうか。

投資額は自由に変えられる

積立投資で誤解されていることの一つが、一度決めた額はずっと変更できないということです。たとえば、積立投資を始めたときに5万円と決めてしまったら、ずっと5万円のまま。もし金額を変更するのであれば、解約をしないといけないと思っている人が案外多いのです。

でも、これは大いなる誤解です。

投資額は変更できますし、それにより解約をする必要はありません。つまり、自分の生活に合わせて**積立額を動かしながら、長期投資をする**ことができるのです。

たとえば、スタート時に5万円を投資にまわしていたとしましょう。2年後に子供が生まれて養育費がかかるようになったら、3万円に減らすのもけっこうです。あるいは、子供専用の口座をつくって、5万円のうち2万円をその口座で積立投資をするのもいいでしょう。実際に、セゾン投信のお客様の中にも、そういう方がたくさんいます。

子供専用の口座の場合、成人するまで親権者が口座名義人となって代理で取引をすることになります。それでも、一般の口座と商品やサービスは同じです。子供が成人をしたら、取引の主体は親権者から子供に変更になり、その後の取引はすべて子供が主体となります。

親権者は自分の老後のために、子供は大学に行くときや結婚するときのために──そのように目的が違うので、口座を分けて長期投資をする人が、僕の周りでも多数います。

逆に、子供の教育費がかからなくなった、住宅ローンが終わったなどお金に余裕が出てきたら、投資額を増やした方がいいと思います。余裕が出たら、一部を生活のために使ってもいいとは思いますが、それまで教育費がかかり、ローンを支払いながらも生活ができたのだから、その後も同じ水準での生活はできるはずです。

ただ、お金に余裕ができると、気持ちが大きくなってしまうのでしょうか。余裕がずっと続くと考えて、そこで投資を止めてしまう人もいます。

でも、今余裕ができたと言っても、それが死ぬまで続くわけではありません。今は仕事をしているから余裕があるのなら、いずれ仕事をしなくなるときが来ることを認識しなければなりません。

そのとき、どうすればいいのか。それを考えると、いくら余裕ができても投資を止めてしまってはいけません。余裕ができたからこそ、その分を投資にまわして、将来の果実をもっともっと大きく育てるという発想を持ってほしいのです。そのためにも、運用期間は無期限の投信を選びたいものです。

長期投資で重要なことは、止めないということです。

お金が必要になったから投資を止めるのではなく、額を減らせばいい。余裕が出たら、額を増やせばいい。穏やかな気持ちで、額を増やしたり減らしたりしながら柔軟に対応していけばいいのです。

金額を変更できると聞けば、スタートのときのハードルは非常に低くなるでしょう。年収500万円と言っても、本当に苦しいという場合には、1万円からスタートしてもいいのです。

金額も大切ですが、もっと大事なのは**1日も早く始める**ことだからです。

アメリカのように時間がお金を育てていくことを考えれば、今日1日がとても重要なことは誰でもわかります。今日1日くらい大丈夫だと思っていると、気がついたら1週間、1カ月、そして1年という月日が過ぎ去ってしまいます。その積み重ねが5年10年になって、これは長期でお金を育てるときの大変なロスになってしまうのです。

銀行のATM感覚で投信を使う

長期投資について、ある程度理解している人からよく聞かれるのが、「売りどき」です。おそらく、「買ったらいつか売る」というように「買う」と「売る」がセットになっているのでしょう。

加えて、保険や定期預金と同じように、投資信託にも満期があると思っているのです。もちろん、投資信託にも償還期日が決まっているものもあります。しかし、本書では無期限の投資信託を前提としているので、投資の終わりはいつか？　という考え方から抜け出してほしいと思います。

何度も述べたとおり、長期で財産づくりをするときに大事な考え方は、**時間を味方につ**

けることです。つまり、長い時間を費やすということ。

ここまで読んでくださった方の多くは、この概念を理解していると思いますので、今、ここでとことん時間を味方にしようと腹をくくってほしいと思います。5年でどうなる、10年でいくらになるという型にはまった計算はせずに、お金を経済の中に働きに出せばお金は大きくなっていくことを前提にして、長い時間働けばどんどん育っていくことを強く意識してほしいのです。

お金には寿命はありません。

だからこそ、自分がお金とつき合っている間は、ずっと働かせようという意識改革が必要になってくるのです。

ただ、そうは言っても、何のために投資を始めたのか？　と問えば、自分の人生を豊かにするため、もっと素敵な日々を送るために違いありません。

お金が必要なときがきたら、ちゃんと使う。それが人生においては、とても重要なことでしょう。お金を増やしたい、と歯を食いしばって我慢をしても、楽しい人生にはなりません。僕も、使うときが来たら使おうと考えているのだから、絶対に使ってはいけないと言うつもりはないのです。

では、どうするか？　**お金を使うことと投資を両立させる**のです。

みなさん、「使うとき＝投資の終わり」だと思い込んでいます。まずはここから修正しましょう。

投資信託は、全部を解約しなくてもいいのです。定期預金や保険のように、解約時が終了時ではありません。

使う分だけ取り崩し、残った分はそのまま継続する。それができるのが投資信託です。**解約においても、時間の分散ができます**。ここが保険や定期預金との大きな違いであり、投資信託の長所の一つです。

たとえば、銀行のＡＴＭ（預金口座）をイメージしてください。お財布にお金がなくなってきたら、ＡＴＭからお金を引き出します。このとき、預金口座を解約しようとは誰も思っていないはずです。

お金を預け入れるときも、ＡＴＭを利用すればとてもスムーズです。

投資信託も同じなのです。自分が必要なときに必要な分だけお金を引き出すことができます。また、営業日であれば、自分の買いたいときに買うことができます。

投資信託だからと言って、難しく考えることはありません。これまでずっとお世話になってきた銀行のATMの感覚を、そのまま投資信託にスライドさせればいいだけです。

もちろん、解約したからといって、実際のATMのように、その場ですぐに現金が出てくるわけではありません。しかし、解約注文から数日後には受け取れます。

ATMでお金を引き出したあと、通帳に残ったお金はどうしますか？　預金口座には、そのまま残っているはずです。だったら、投資信託だってそのままにしておけばいいのです。そうすれば、お金はまた元気に経済の中で働き続け、働いた分だけまたリターンが得られるのです。これが投資信託の賢い使い方です。

売ってもいい時、悪い時

長期投資をしていると、必ず相場が下がるときがきます。そのときに、多くの人は売ろうとします。それは一種のパニック状態になっているからです。

たとえば、リーマン・ショックのときが、まさしくそういう状態でした。買い手が激減し、売り手ばかりになったため価格はどんどん下落。みんなが焦って自分も早く売らないといけないという心理状態になったのです。

そもそも、株価は売る人と買う人のバランスがとれて、ある価格で折り合いがつくから決まります。このバランスが悪いと、ものすごく下がるか、ものすごく上がるかのどちらかになるのですが、リーマン・ショックのときには、売る人が圧倒的に多かったために、世界の株式市場で価格が平均で6割も下がる、まさしく大パニックが起きたのです。当時は100年に一度の出来事だと言われましたが、僕自身もあれだけの相場ははじめての経験で、さすがに驚きました。

みんな売りに走り、株価も下がっていく中では、自分も売りたくなるのは当然です。みんなが売っているのだから、それが正しい行為のように思ってしまうからです。結果的に、そこで売った人は、どん底で売ることになりました。

あのときは、どう考えても異常でした。だから、しばらくたって冷静になると、「何かおかしくない？」と考えるようになって、2年という時間はかかったものの、株価はちゃんと戻ってきました。

人間のパニックがもとでおかしな動きをしたものは、必ず戻ります。だから、それを黙って待っていればいいだけです。

ただ、どういうときには売ってもいい、どういうときには売る必要がないという基準は、明確にしておかなければなりません。

売らなければならないのは、投資対象の価値そのものが滅失したときです。東京電力がいい例でしょう。

よく東電の株は売ったらいいのか？　この先、株価は戻るのか？　と聞かれますが、「わからないけど、きっと戻らない」というのが僕の見解です。それは、かつての東電という会社の価値が失われてしまったからです。東電にはこれまでのようなブランド価値は、もはやありません。実質的に抱えている債務の額も算定不能であり、もちろんこれまでのような安定した収益性も失ってしまいました。合理的な予測ができない投資対象は、保有すべきではないと考えます。

しかし、リーマン・ショックで下がった株は売りません。むしろ、買うタイミングでしょう。それは、企業の価値は変わらず、単に株価だけが勝手に下がったからです。**実体経済が変わらないのであれば、売る必要はまったくありません。**

これはバーゲンセールと似ています。洋服のデザインも生地も何も変わらないけれど、セールが始まった途端に半値になってしまいます。もともとほしかった人は喜んで買うでしょう。それは、この洋服が半値なら安いと知っているからです。つまり服の価値を見ていて、価格が下がったから安いと思って買うという具合です。投資をしたことがなくても、バーゲンセールでは価値を見て判断しているのだから、何も難しいことはないのです。

大事なことは、なぜ下がったのかをきちんと知ることです。**価値自体がなくなったのか。それとも価格だけが勝手に下がったのか。**これさえ見れば売りかどうかの判断は誰でもできるはずです。

アベノミクスが来なくても長期投資家なら成功する

日本の株式市場は、アベノミクスで大きく上昇しました。すでに投資をしていた人は、この流れに乗ってうまく利益を得たのは事実ですが、それ以上に影響を受けたのは、これまで投資をしなかった人たちです。

周りの人が口を揃えて「儲かった、儲かった」と言うため、この相場はとても魅力的に映り、自分も投資を始めようとします。

実際に口座を開き、投資を始めようと考えている人も増えています。しかし、その人たちがやろうとしていることは投資ではありません。ただのギャンブル（投機）です。

「儲かるから自分もやる」という発想は、競馬が儲かると友だちに教えてもらったから自分もやるのと、いったい何が違うのでしょうか。

そういう人々は、一度負けると二度と競馬をしなくなるように、相場が下がって負けるとすぐに止めてしまいます。

以前、ＦＸ（外国為替証拠金取引）がブームになりましたが、それとまったく同じ現象です。ＦＸで億単位の儲けを出したトレーダーが登場して話題になったので、みんなが自分も儲けられると勘違いをしました。そしてこぞってFXを始めました。だから、あれだけのブームになったのに、ふたを開けてみれば、ほとんどの人が大損をして終わってしまったのです。

今回のアベノミクスでの投資ブームも同じです。儲かると言う人がいて、それを聞いて自分も儲かると勘違いをして始めてしまう。

くり返しになりますが、これが投機（ギャンブル）です。

本質的なことは、アベノミクスだから投資を始めるということではないのです。

チャンスだから始めるのではなく、自分の人生を考えるから始めるのが投資です。

ここはとても大事な部分です。投資を始めるモチベーションはとても重要で、みんながやっているから自分もやる、アベノミクスで儲かりそうだからやるというのは、一発当てて儲けようとしているだけです。これは長期投資、つまり本当の投資とはまったく別物なのです。

確かにアベノミクスの効果で、セゾン投信のお客様には大きな果実ができました。しかし、その果実は、最近始めていきなりできたわけではありません。何年もコツコツ続け、安いときに仕込んできたから、これだけの大きな成果を得ることができているのです。

日経平均株価が８０００円のときでも続けていて、たまたま日経平均株価が1万３０００円になった。この間５０００円上昇する波が起き、そこにお金を乗せることができたから、今の果実があるのです。

その間、相場が大きく下がる時期もあったので、忍耐も必要だったと思います。しかし、みんな信念を持って行動し続けました。だから結果が出ているのであって、昨日から始めた人には果実は実っていません。そこを一緒にして、アベノミクスで儲かったとされてしまうと、これまで長期投資をしてきた人は不愉快極まりないと思います。

たとえば、ワールドカップのときだけブルーのユニフォームを着て応援するにわかファンは、どんな時でもずっと応援している本物のファンからすれば、納得できない存在でしょう。こっちはワールドカップの年でなくても、たとえワールドカップに出られなくてもずっと応援してきたんだと、心の中では不愉快に思っているはずです。

長期投資家もそれと同じなのです。アベノミクスで儲かってよかったねと言われることもありますが、たまたまこのタイミングでアベノミクスが来ただけの話です。これが5年後でも10年後でも別に何とも思わないし、**アベノミクスが来なくても、まったく問題ではない、と考えるのが長期投資家**です。

チャンスを今か、今かと待っているわけではなく、長期で投資をしていればチャンスが来たときにちゃんとお金を乗せることができる。このことを理解しているのが、本物の投資家なのです。世界経済はしっかり成長しているのだから、それに乗せていれば、気がついたらチャンスをつかんでいたという結果になるのです。

ここをしっかり理解をした上での投資でなければ、本物の投資とは言えません。逆に、これを理解した投資家が1割増えれば、見えてくる世界はまったく違ってくるはずです。人数にすると1000万人以上が投資家になるので、まずは価値観そのものが大きく変化してきます。今まで自分は無力だと思っていた人が、無力ではないと気づくのです。

たとえば、日本の預貯金である850兆の1割にあたる85兆円が動けば、それだけ産業資本が経済の中に入ってきます。そうすると、このお金でビジネスをしようという人が生まれ、日本からもアップルやグーグル、マイクロソフトのような会社ができるかもしれません。

なぜ、日本にはこのような会社ができないのかと言うと、みんながお金を抱え込んでしまって産業資本がないからです。一方、アメリカは事業を興そうとしている人のためにお金が使われています。こういった産業資本を「リスクマネー」と言い、これがあるからこそ産業は生まれるのです。

ですから、もし今よりも1割多くの人が投資家になれば、1割多くの産業資本ができ、企業も今以上に挑戦的な投資をして成長しようとするでしょう。それが世界の成長につながっていくのです。

第6章　余裕資金があるときの投資法

積立以外の投資法「スポット買い」

積立投資は、誰でも何も考えずに、しかも貯金がなくても始められます。しかし、世の中にはすでに一定額のお金を持っている人がいます。少しまとまったお金がある人に、僕が勧めるのが「スポット買い」です。

スポット買いとは、毎月の積立とは違い、自分の好きなときに注文を出す方法です。

その場合も、一度に全部の資金を使うのではなく、5回〜10回に分けて買うのがいいと、115ページでお勧めしました。

買う時間を分散させようということです。覚えておいでですか?

いわば擬似積立で、複数回に分けることで気持ちが楽になります。

投資予定の資金のうち、一部だけの投資なら、下がってもあまり後悔はしません。まだ資金が残っているので、むしろこれから安く買えるとうれしくなるかもしれないのです。逆に、株価が上がったときには、一部だけでも買っておいてよかったと思う。こういった穏やかな気持ちになれるのが時間分散の効果です。

実は時間の分散は、プロの運用でも使われている基本的な方法です。たとえばトヨタ株を１００万株買うとき、一度に注文を出すわけではありません。**何回かに分けて打診買い**をしていくのです。これは高値をつかみたくないから、そして、一度に大きな資金を入れてしまうと、それだけで株価が上がってしまうからです。

プロが当たり前のように行なっていることを、個人も行えばいいのです。決して難しいことではありません。

しかし、

「今、買い場なのか？」

「高いのか？　それとも安いのか？」

と、スポット買いで、相場を読もうとすると難しくなります。

この答えを求めようと、チャートやテクニカルな指標を見て相場を当てようとするから、難しくなってしまうのです。

安いのか高いのかは、企業の価値と現在の株価から判断するのです。チャートで判断するものではありません。

これは日経平均株価も同じです。リーマン・ショックの後、日経平均株価が８０００円を切ったときがありました。僕は、明らかに安いと思いました。なぜなら日本企業全体の評価価値からすると、日経平均株価８０００円は合理的に見て、低すぎるからです。

これは株価が上がったときも同じで、高すぎるときは危険を感じます。

多くの個人投資家は、何となく感覚的に８０００円は安く、１万３０００円は高いと思っているのですが、決して高くはありません。１万３０００円まで上がった理由を、ただ単にアベノミクスで片づけてしまうのですが、その背景をしっかり理解していくと納得の理由を得ることができます。

アベノミクスで最初に何が起きたのかというと、円安です。１ドル＝80円だった円が、１００円を超えて安くなりました。

その結果、大手輸出企業の売上は３割から４割、場合によって５割も増えることになります。増収増益が予想され、株式の価値が上がります。

将来の利益を今の水準まで巻き戻して織り込んだものが株価なので、来年の利益が３割増えれば株価も３割上がるのは当然のことです。

この現象が日経平均を組成している多くの企業で起こったために、日経平均株価は８０００円から１万３０００円まで上がったのです。

こうして一つひとつの企業の本来あるべき価値を、合理的に評価していくのが、本来のプロの仕事です。ここにチャートは関係ありません。チャートを見て、大きく下げているから反転を狙って買うということではないのです。

チャートは明日の株価やトレンドを当てる道具であって、本来の価値を見究める道具ではないこと、そして、本当の投資は企業の価値が基準になることを理解してほしいと思います。

スポット買いも同様に、本来の価値と比較して、今が安いかどうかを判断するのが賢明です。

そうは言っても個人の投資家に、プロのような評価をして株や投資信託を買いなさいとは言えません。それはとても面倒ですし、難しい作業だからです。

だからこそ、世界の成長に乗っている投資信託を選ぶのが一番いいのです。いつ買っても、長期的に見れば安い買い物になるからです。

日経平均株価1万3000円はまだ割安

日経平均株価が1万3000円になっても、日本株はまだまだ割安です。前項で述べた「企業の価値」からも判断できますが、数値的な面からも根拠を解説してみましょう。

株価を判断する指標として、PBR（純資産倍率）がよく使われます。これは、会社の純資産から見た株価の割安度を測るものです。簡便な指標で、Yahoo!ファイナンスなどでもチェックできます。

計算式は、**PBR＝株価÷1株あたり株主資本**

（1株あたり株主資本＝純資産÷発行済み総株数）

純資産とは、資産から負債を引き、会社が解散したときに総資産から支払い義務のある費用や社員の給料や退職金を払った後に残る価値のことです。

これはすべて株主に還元されるので、１株あたり株主資本というのは、会社が解散したときに１株株主が受け取る金額と考えてください。

ＰＢＲは、株価を１株あたりの株主資本で割ったものなので、ＰＢＲが１倍であれば、株価と１株あたり株主資本が同じ、企業の解散価値と株式価値が等しいということになります。つまり株価が将来の成長をまったく評価していない状態だとも言えます。

ＰＢＲが１を割れば、企業の解散価値よりも株価が安いわけですから、これから株を取得しようとする人にとって、株価は割安と考えられます。逆に１倍以上は割高と見られます。

とは言うものの、ここで注意してほしいことがあります。

個別企業の場合、たとえＰＢＲが２倍以上であったとしても、必ずしも割高だとは限らないことです。たとえば当該企業のビジネスに高い成長力があれば、ＰＢＲが２倍でも、決して割高ではありません。

一方、１倍割れであっても、企業に成長可能性がなければ、その企業の実態に対して市場が過小評価しているとは言い切れないのです。

また、業種やカテゴリによっても平均ＰＢＲは異なりますから、同じ業種の企業で比較することが必要でしょう。

これを株式市場全体で見てみましょう。日本株式と世界の株式のそれぞれの平均PBRを比較します。

2013年5月の段階で、世界の株式のPBRは1・9倍で、日本株式のPBRは1・3倍でした。日本株はまだまだ割安と判断することができます。

日本株式のPBRが1・9倍になったら、きっと日経平均株価は2万円を覗《うかが》ってくるでしょう。

もう一つ、日本株式が割安だと思う根拠を挙げます。キーワードは「時価総額」です。

時価総額は株価×発行済株式で計算でき、企業価値を評価する指標の一つです。

時価総額は投資家がその企業に寄せる期待の表れなので、基本的に**時価総額が大きいということは、企業の価値が高い**ということになります。

ただ、計算式を見てもわかるように、株価が低くても発行済株式数が多ければ時価総額は大きくなります。2004年頃、ホリエモンこと堀江貴文さんがライブドアの時価総額を世界一にすると明言していました。しかし、ただ単に時価総額が大きいことが、株主にとってメリットになるわけではありません。

もちろんライブドアは例外的な話で、世界には時価総額が大きく、かつ優良な企業がたくさんあります。２０１３年３月の段階で、時価総額が世界一の企業はアメリカのアップルです。その額は４１５７億ドル。１ドル１００円で換算すると、41兆円以上になります。日本ではトヨタ自動車が一番大きく、約19兆円です。

それでは、２０１３年３月末の時点の日本株式の時価総額はどうでしょうか。

リーマン・ショックや、東日本大震災の影響で規模が小さくなっていましたが、アベノミクスの影響もあって３６５兆円にまで回復してきました。

これと日本経済の規模であるＧＤＰ約５００兆円とを比べると、株式市場の時価総額はあまりにも小さいのです。

たとえば２０１２年末時点で、アメリカでは経済規模に対して株式の時価総額は約１・３倍ですし、イギリスでも株式の時価総額は経済規模の約１・４倍と大きいのです。日本はと見ると、約０・６倍です。

つまり**日本の株式は、世界的に見ても極端に割安で放置されていた**のです。

こういった指標からも、日本株式はまだまだ割安であることがわかります。ですから、日経平均が1万3000円になってしまったからもう買えないという発想は、必ずしも正しくはないのです。

もちろん、この先の成長の見込みを超えて株価が上がってしまい、割高になることもあります。2013年4月の時点では、日本の不動産株の中には極端に上がってしまった銘柄が目立ちます。これは、不動産の実体価値を超えてずいぶん先まで見越して買われているからであって、本来の価値とのギャップが出てきているのです。

ちなみに、史上最高値を更新しているアメリカ市場はどうかと言うと、実はこちらもまだ割高ではありません。アメリカの場合、企業業績がずっと伸びていて、現在でも企業業績は直近の四半期で年率5％程度伸びています。これが株式の価格に次々に反映されていき、経済成長につながってきます。

経済成長は企業業績の上昇が積み上がったものですから、経済成長を織り込んで株式市場は追随していきます。もちろん、日々の相場は上がったり下がったりしますが、その大きな流れは経済成長に沿っているのです。

いくら史上最高値を更新しようが、アメリカの経済が成長を続けているという事実がある限り、目先の株価のみで割高と判断するのは間違いということです。

世界の株式時価総額とGDP比（2012年）

単位：米ドル　１ドル87円換算

国名	時価総額（1）	GDP（2）	(1)／(2)
アメリカ	20008334	15653366	127.80%
中国（上海＋深圳）	3697376	8250241	44.80%
日本	3681994	5984340	61.50%
イギリス	3396504	2433779	139.60%
フランス（＋α）	2832188	2580423	109.80%
香港	2831945	257950	1097.90%
インド	2497827	1946765	128.30%
カナダ	2058838	1770080	116.30%
ドイツ	1486314	3366651	44.10%
豪州	1386873	1542060	89.90%
スイス	1233438	622860	198.00%
ブラジル	1227447	2425052	50.60%
韓国	1179419	1151270	102.40%
スペイン	995088	1340270	74.20%
南アフリカ	903371	390920	231.10%
ロシア	825340	1953555	42.20%
シンガポール	765077	267940	285.50%
台湾	735292	466050	157.80%
メキシコ	525056	1162890	45.20%
トルコ	315197	783060	40.30%
上位20カ国	52582928	54349522	96.70%
世界合計	55664069	－	－

出典：海外投資データバンク

投資信託の「基準価額」の落とし穴

投資信託を売買するときの価格が基準価額です。これに関しては誤解が多いので、この場を借りて明らかにしておきたいと思います。

基準価額とは、投資信託が今いくらなのかを示す数字で、株式における株価と同じ意味合いがあります。WEBで公開されて誰でも見ることができます。ただし株式のように秒単位で表示されるわけではなく、実際の取引が終わった後、午後3時以降にその日の基準価額が表示されます。

またきちんと分散されたポートフォリオのファンドであれば、株式のようにたった1日で30%も動くようなことは、ほとんどありません。その理由は、投資信託の基準価額は、それに組み込まれている株式や債券などの時価総額で決まるからです。

株式の場合には、買い手が多くなれば株価はどんどん上がり、逆に買い手が少なく、売り手が多くなれば下がっていきます。これが需給バランスと呼ばれるものです。

投資信託の場合は、需給バランスによって基準価額が決まるわけではないので、その投資信託をどれだけの人が買いたい（売りたい）と思っているかは、関係ないのです。

　また、投資信託は株式や債券、その他の資産が組み込まれているので、リアルタイムに基準価額をはじき出すのは現実的に不可能です。そのため基準価額は取引が終わった後に表示されるのです。

　それでは、自分が注文したときの価格で買えないではないか、と指摘されます。確かにそうですが、そもそも**投資信託は短期での値動きを追っていくことに適した商品ではありません**。瞬間の動きを追いかけたい投資家は、やはり個別株やＦＸ、デイトレードなどの短期売買が向いている人なので、そちらのトレードをすればいいだけの話です。

　長期投資においては、表示されている基準価額と購入価格とが違っても、気にするほどの差はないと思ってください。


　投資信託の基準価額における多くの人の誤解とは、基準価額をもとにして割高か割安かを判断するというものです。

　投資信託は、それがどのような種類であっても、基準価額は１万円からスタートします。したがって基準価額が２万円になると割高で、８０００円なら割安と思ってしまうのですが、これは大きな間違いです。何の合理性もない判断としか言いようがありません。

ここで肝心なことは、投資信託ごとに、設定されて運用がスタートする時期が異なるということです。たとえば、同じ投資対象で運用する2本をスタートしたとして、片方の基準価額が2万円で、もう一方のファンドは８０００円になっているとすれば、それは基準価額で比較してパフォーマンスを評価することに合理性はあります。

しかし、スタート時期が違う上、投資対象の異なるファンドで基準価額をもとにして運用の巧拙を評価したり、パフォーマンスを比較することは、その判断が全く無意味なのです。

たとえば、世界全体の株式に投資するファンドが、世界同時株安の引き金となったリーマン・ショックの直前にスタートしている場合は、おそらく今のタイミングで基準価額が1万円前後になっていると思います。それは、リーマン・ショックで世界の株式市場は平均5割以上も下落し、それ以降、数年かけて回復させてきたからです。

セゾン投信の二つの投資信託もリーマン・ショックの前にスタートをしたので、今ようやく1万円を上回ってきました。さすがにリーマン・ショックのときには大きく下げましたが、そこから着々と基準価額を戻してきたのです。

これは、現在の基準価額が1万円前後だからといって、運用が下手で粗悪な投資信託ということではありません。リーマン・ショックの下げを吸収し、市場の回復をしっかりと捉えてきており、むしろ運用成績は上々だと言えます。

逆に、リーマン・ショックの後、本当にどん底からスタートした投資信託の基準価額は、今頃2万円を超えている可能性があります。相場が非常に悪いときに設定、スタートしているのだから、その後の回復相場によって、後は上がっていくだけだからです。

もし、基準価額で判断するのであれば、毎年1月1日にすべての投資信託の基準価額を1万円に戻せばいいと僕は思います。そうすれば、どの投資信託が優秀なのかひと目でわかるからです。しかし、そうすると、その投資信託の歴史がわからなくなってしまうという欠点もあるために、僕の考えが採用されることは残念ながらないと思います。

結局、投資信託でスポット買いをするときには、基準価額は割高、割安という観点からはモノサシにはならないのです。もちろん基準価額の推移は、パフォーマンスを反映したものです。しかしながらモノサシと言えば、それは各ファンドの投資対象の市場におけるインデックスでしょう。日本株であれば日経平均やＴＯＰＩＸといった市場平均の指数のことです。ですから、インデックス指数の推移と当該ファンドの基準価額推移を比較して、

基準価額の単純比較はできない

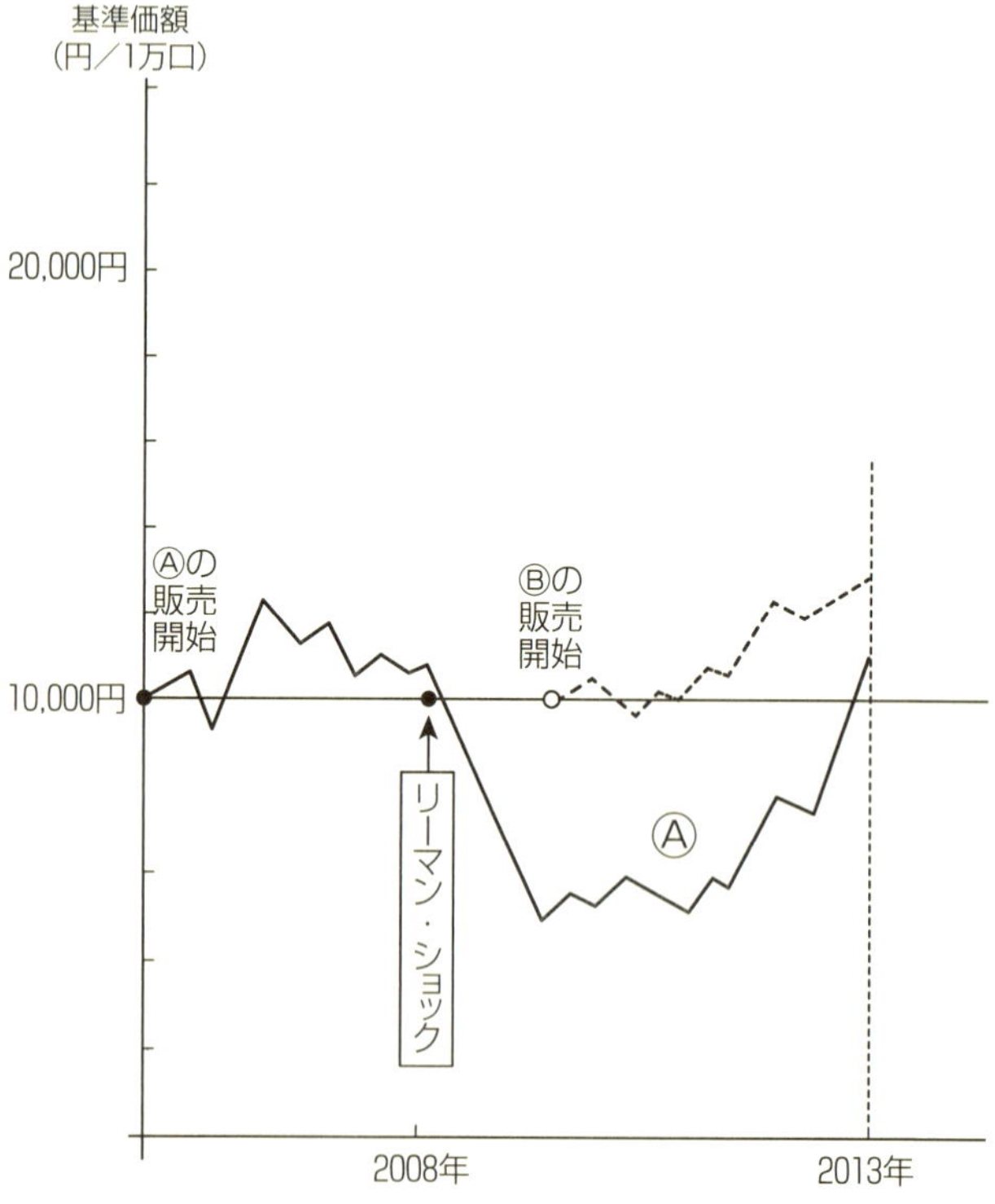

販売開始時期の違いで
Ⓐは Ⓑより成長度が大きくても
基準価額は低い

運用の巧拙を見ることについては、意義があるのです。

スポット買いはルールを決める

スポット買いをするときには、数回に分けることをお勧めしましたが、さらに買うタイミングのルールを決めるといいと思います。たとえば、毎月15日にするとか、第２月曜日にするとか。そうすれば迷いなく買うことができます。

買いのルールを決めるのは、あくまで迷いをなくすためで、タイミングを見計らうためではありません。

よく、「毎月何日に買ったらいいですか？」と聞かれますが、日付に意味はありません。ただ単純に忘れないようにするため、一度決めたのだから必ず買うために決めるのです。基準価額が上がってきて、「ああ、高いな」と思って「明日にしよう」と先に延ばさないようにするのが目的です。

タイミングを見計らおうとする人は、相場の神様よりも自分の方が正しいと思うから、高い安いにこだわるのです。相場の神様には絶対に勝てません。そう思えば一定のリズムで買っていくしかないのです。

投資信託も価格ではなく価値を見ていくものです。このことは何度も伝えてきましたが、とても重要なことなので、くり返しお伝えします。投資信託は、あくまで価値で判断するもので、しかも、その価値は急に変わるものではありません。今日と明日で、価値が激減することも激増することもないのです。

これは個別株でも同じです。トヨタ自動車の価値は5年ターム、10年タームでは変化していきますが、今日と明日では何ら変わりません。今日まで世界のトヨタとして日本を代表する企業だったのに、明日にはそうではなくなるということはないでしょう。それなのに株価は今日と明日で違います。株価が大きく下がったからトヨタ自動車の価値が下がったのか？　と言うと、それは大間違いです。価値が動いているのではなく、株価が勝手に動いているだけです。

しかし、これだけの価値があるから株価はこのくらいじゃないとおかしい、という判断はできます。もしトヨタの価値が８０００円だと判断したら、本来は株価も８０００円をつけるべきなのです。したがって、もし株価が５０００円だったら、これは割安だから買おうという判断になります。

この価値を試算していくことは、それこそプロの世界の話です。たくさんの資料を並べて、日々検証をしていくからこそ見えてくる数字であって、素人にはとても難しい作業です。

また価値の評価は、運用会社あるいは証券会社によって違ってきます。

よく、株式アナリストが個別銘柄について分析や調査をして、投資判断（レーティング）をしています。これもあくまでその証券会社の判断であって、何か共通のルールがあるわけではないのです。だから、A運用会社がトヨタの株価を８０００円と評価しても、B運用会社は６０００円と判断するかもしれません。ここが各運用会社の個性になってくるのです。認識してほしいのは、これらの投資判断はあくまで合理的な予想にすぎないということです。

そもそも、株価は将来のことなので、誰も正しいと言ってはいません。合理的に計算をした結果の予想株価なのです。

さらに証券会社のアナリストと運用会社のアナリストでは立場が全く異なります。

業界では証券会社のアナリストをセルサイドアナリスト、運用会社のアナリストはバイサイドアナリストと呼んでいます。言葉どおり証券会社は株式や債券をセールスして顧客に売買してもらう側、運用会社は証券会社を通じて売買注文を出す顧客側ということです。したがって、業界では証券会社のことをセルサイドと言っています。

ここで注意すべきは、投資判断を発表しているセルサイドが、その会社の主幹事やファイナンスの引受業者であったりする場合です。

もしある証券会社が、何らかの事情で、特定の企業株価を過大評価し、顧客を誘導したいという思惑が働いたら、セルサイドアナリストが投資判断基準を甘くしてしまうことがないとは言い切れないということです。やっぱり、投資判断を上げます。

逆に、株を安く買いたいと思っていたら……？

投資判断を引き下げるということもあるでしょう。

これを防ぐために、金融機関で部門間の交流を意図的に遮断するファイアーウォール規制というものがあります。

もちろん、現在のファイアーウォール規制は厳しく、多くの証券会社で意図的な投資判断が行われているわけではありません。お客様のことを真剣に考えて、しっかり判断している会社もたくさんあります。

しかし、投資判断が外れてもどうでもいい、仕方がないと考えている証券会社も、ないとは言えません。そういった会社が一番大事なことは、自社の都合と自分の利益です。したがって、セルサイドアナリストの投資判断はあくまで参考にするが、決してあてにしないことです。いいカモにされて終わってしまうなんてことは、絶対にないように注意してほしいと思います。

以上のようなことを踏まえると、動く相場の中で割安のタイミングを当てるのは難しいと思っていいでしょう。「いつ」を予言できないのが投資です。もし予言できるという人がいたら、それは詐欺師です。予言できないというのが本当のプロだからです。

僕自身、いろいろなところで相場の見通しを聞かれますが、いつも「わかりません」と答えます。そうすると相手はがっかりしたような顔をするのですが、わからないのだから仕方ありません。むしろ、わからないことを認識して、無責任なことを言わないのがプロだと思うのです。

よく雑誌などに、「日経平均2万円！」など、自信たっぷりに経済予測が書かれていますが、何をもって2万円と言うのか僕には不思議でなりません。本当のプロだったら、「僕は予言者ではないから、未来のことはわかりません」というのが本来の姿でしょう。そして、わからないことを前提にしていろいろなことを積み上げていくのです。

こういった情報の罪深いところは、それを聞いた投資家があわててしまうことです。日経平均が2万円になる！　と聞くと、一刻も早く全資金を投資にまわそうと思ってしまいます。しかし、ここであわててもロクなことはありません。ぜひ、時間の分散を思い出してほしいと思います。

分散には、投資先の銘柄分散、地域分散、通貨分散、資産分散などいろいろとありますが、時間の分散は意外にないがしろにされがちです。しかし、前述したように、プロが当たり前のように行なっているのが時間の分散です。いくら証券会社の販売員に勧められたとしても、一気に買うのは考えものです。買うときも売るときも分散させるのが、基本中の基本なのです。

おわりに

「長期投資、長期投資」とずっと言っていると、「長期っていったいどのくらいの期間ですか?」とよく聞かれます。

僕は「一声10年」と答えるのですが、厳密な期間を言っているわけではありません。たとえば複利が威力を発揮するには、10年が一つの目安になるという見方もありますが、それだけではありません。ともかく10年はそれなりに長い時間です。そのため今日、明日という感覚ではないという意味での「一声10年」なのです。

本来、長期というのは、世代を超えた時間の流れの中に存在するものだと僕は思います。たとえば、自分の将来のために始めた長期投資は、子供に引き継がれ、さらに孫の世代にまで受け継がれていくものです。そして本当に長い時間をかけて複利で増えていく財産は、誰もが驚くような金額になっていることでしょう。これが、ヨーロッパでプライベート・バンクと呼ばれる、世代をつなぐ富裕層の仕組みです。

海外に限ったことではありません。日本でも同じことができるのです。長期投資を続けることで、誰でも次の世代、その先の世代に財産を残すことができます。だから、単純に自分の時代だけで投資は終わりにしよう、と思い込んではしくありません。

長期投資をするためには、長期に渡って運用を続けられる会社がなければなりません。運用会社自体が50年、100年と存続しなければ、本当の長期投資は実現できないのです。

だからこそ、セゾン投信をそういう会社にすることが、僕の使命だと強く思っています。

ここにはとても重い責任があります。多くの人の将来の財産、そして次の世代への贈り物をつくるのですから、それを思うと身が引き締まります。

一方で、100年経ってもセゾン投信が存在していることを考えると、とてもワクワクします。それと同じように、みなさんも自分の時代だけではなく、延々と続いていく子孫のことを考えると、あまりのスケールの大きさに驚くのではないでしょうか。と同時に、何て夢のあることなのだろうと感じていただけるはずです。

長期投資は、お金を増やして人生を豊かにしていくだけではなく、とても夢のある行為です。それを次の世代に渡し、今よりもっといい社会を残そうとするのは、品格の高い、子孫に誇れる行いなのです。

もともとは財産形成が本書の大きなテーマでしたが、お金について考えることで、それ以外にもたくさんのプラス面が見えてきます。表面的なことだけではなく、よい世の中づくりの受け渡し。お金を渡すこと、そして思想を渡すこと。

もし、自分のことだけを考えていたら、きっと大きな果実を得ることはできないでしょう。しかし大きなスケールで長い目で見ると、経済はもっと発展していき、その先には大きな果実があるのです。そこにあるのは決して自分だけではなく、みんなが幸せになる社会です。

一人でも多くの人がそう考えれば、これから作られる社会が素敵にならないはずがありません。むしろ、みんながそういうイメージを持って生きていかないと、素晴らしい社会はできないのです。みんなで夢のある社会をつくる。お金や経済だけではなく、もっと希望や夢を託していく。それが本当の長期投資と確信しています。

●**著者略歴**

中野　晴啓（なかの・はるひろ）

セゾン投信株式会社代表取締役社長。1963年東京都生まれ。1987年明治大学商学部卒。同年西武クレジット（現クレディセゾン）入社。セゾングループの金融子会社を経て投資顧問会社で資産運用業務に従事。その後、㈱クレディセゾン インベストメント事業部長を経て2006年セゾン投信㈱を設立、2007年4月より現職。米国バンガード・グループとの提携を実現させる。また、全国各地で講演やセミナーを行い、社会を元気にするための活動を続けている。（公財）セゾン文化財団理事。NPO法人元気な日本をつくる会理事。
著書に『運用のプロが教える草食系投資』共著（日本経済新聞出版社）、『積立王子の毎月5000円からはじめる投資入門』（中経出版）、『投資信託は、この8本から選びなさい。』（ダイヤモンド社）など。

セゾン投信　「社長日記」http://www.saison-am.co.jp/blog/
twitter アカウント @halu04

年収500万円からはじめる投資信託入門

2013年7月11日　初版発行

著　者　中野　晴啓
発行者　唐津　隆
発行所　株式会社ビジネス社
〒162-0805　東京都新宿区矢来町114番地
神楽坂高橋ビル5F
電話　03-5227-1602　FAX 03-5227-1603
URL　http://www.business-sha.co.jp/

〈印刷・製本・本文DTP〉新灯印刷株式会社
〈装丁〉ロクオ企画
〈編集協力〉川崎さちえ、嶋屋佐知子
〈編集〉本田朋子〈営業〉山口健志

ISBN978-4-8284-1712-7